神社ソムリエ・佐々木優太撮影 絶景カード特典付き！

見るだけで神様とつながる

奇跡の絶景神社

スピリチュアル研究会

宝島社

神社ソムリエ流

絶景神社の歩き方

いろいろな説があり、何が正しいのかわからない「神社参拝のマナー」。絶景神社をもっと楽しむために、全国1万5千社以上の神社を巡った神社ソムリエにノウハウをうかがいました。

佐《さ》々《さ》木《き》優《ゆう》太《た》

全国1万5千社以上の神社を巡拝する「神社ソムリエ」。神社に関する知識は群を抜いており、日本全国の神職からの信頼も厚く、神職や地域の方から得た多くの知識や見た景色を、多くの人に伝えるべく、雑誌やでレビなど様々なメディアにて活動する。YouTubeチャンネル「神社ソムリエのあやかりチャンネル」運営。

自然にあふれる場所には豊かな水源がある

たくさんの木々が立派に育っていたり、雄大な海を眺めることができたり、いわゆる「絶景」を拝めるような神社は全国にたくさん存在しています。

特に、神社と聞くと「御神木」のイメージから、美しい木々を思い浮かべる方もいらっしゃるかもしれません。そういった自然にあふれた場所というのは、必ず豊かな水源が近くにあるものです。それは美しい川かもしれませんし、荘厳な滝かもしれません。または、目に見えない水脈として、地下を流れている場合もあるでしょう。清らかで美しい水は、その土地そのものを繁栄させ、そこに住まう人々を生かし、豊かな自然を育んでくれているのです。

私たち人間も、生まれてきたときには70%が水分で、大人になってからも60%が水分でできていると言われています。食事は数日間食べずとも平気な場合がほとんどですが、水分が補給できない状態が続くと生命の危機に直結します。

そう考えると絶景のある神社、つまり水が豊かな神社は、古来より多くの動植物が育ち、今日まで姿形を残してきた、ある意味生命力にあふれた場所であると言えるかもしれません。神社へ参拝に上がりながら絶景を楽しむのももちろん大切ですが、そういった土地の歴史や、絶景そのものの成り立ちに目を向けてみるのも、おすすめの参拝方法です。

美しい水が気を養う

「木」が良い神社は「気」が良い

神社へ参拝に上がる際に注目してほしいのが「木」です。全国の神社を見ても、御神木やそれにまつわる逸話が伝えられている神社はたくさんあります。先ほども説明したとおり、参道に木が鬱蒼と茂っていたり、立派な御神木がある神社は、神社が建つ土地そのものが豊かであるという証拠です。そこには目に見えずとも、水の流れがあるものです。実際に、御神木が立派な神社の中には、境内に井戸があったり、水が湧き出ているような神社もたくさんあります。

また、立派な木がたくさん育つほどに水が循環しているということは、神社そのものに巡っているエネルギーも強いと考えることができるでしょう。

その土地を循環するエネルギーが強いということは、その土地が持っている「気」が良い証拠でもあります。つまり「木」が良い神社は「気」が良い神社であるということができるのです。木はその水分のほとんどを根から吸収しているといわれています。つまりそれは、その土地を流れる水や水脈が「木」を養い、同時に「気」を養っているということにつながるのです。

川や滝のそばには龍神の加護も!?

「木」と「気」を養う水脈。雨が降り、水が地下を流れ、やがて蒸発して雲を作り、また雨になる……。そういった目に見えない水の流れや循環こそが、私は「龍」と呼ばれている存在だと考えています。神社の中にも、名前に龍という漢字が含まれていたり、龍を信仰しているような伝承や言い伝えが残されている場所が多くありますが、実際に全国の神社へ参拝に上がる中で共通していたのが、そういった龍に関連する神社や土地には、水にまつわる伝承や湧き水、豊かな水源があるということでした。

もし、参拝に上がる神社の中に龍にまつわるエピソードが残されているようなものがあるなら、そういった背景を知っておくことで、よりいっそう神社参拝を楽しめるようになるでしょう。

神社参拝の前に知っておきたい!!

御神徳を授かるための モラル6ヵ条

神社参拝のときに迷う所作。「お賽銭はどうすればいい？」「お守りやお札はどう扱うべき？」など、参拝の前に知っておきたいモラル６ヵ条をご紹介します。

1 お賽銭の語呂合わせは避けるべき？

例えば「良いご縁がありますように」と115円を語呂合わせのようにお賽銭として納めるのは、基本的には避けた方がいいでしょう。というのも、神社がお賽銭を入金する際に、硬貨の枚数によって手数料がかかってしまうため「自分にご利益がありますように」と無理にたくさんの小銭を納めることは、他の人のお賽銭を食べてしまうことにつながってしまうから。そもそも、お賽銭は願い事の対価でも、何かが叶ったお礼として納めるものでもありません。お賽銭は神社への「恩送り」。自分が神社へ参拝に上がれるのも、これまでに参拝に上がった人がお賽銭を納め、神社をつないできたから。神社がこれからもあり続けますようにという気持ちで、お賽銭を納めるようにしましょう。

2 お守りは買うものではなく「受ける」もの

お守りやお札は神社で買うもの、というイメージを持たれている方もいらっしゃるかもしれませんが、実はお守りやお札は販売されているのではなく、正しくは頒布されているもの。そのため「お守りを買う」のではなく「お守りを受ける」という表現が正しいと言えるでしょう。また、お守りやお札の値段はあくまでも最低価格のようなものです。そしてそのお金は、神社に支払っているのではなく、納めているという認識を持つようにしましょう。そう考えると、表記されている金額以上のお金を納めることは、何の問題もないと言えるでしょう。むしろ、そこからお釣りを受け取るというのは、お賽銭箱からお釣りを受け取っているようなものであるということを覚えておきましょう。

3 御神木に触れるのはNG

自然豊かな神社や絶景神社で目にする御神木。直接触ってそのありがたみを肌で感じたくなる人もいるかもしれません。しかし、御神木に直接触れるのはNG。根の周りの地面を踏み固めることになり御神木にダメージを与えてしまうため、眺めるだけに留めましょう。

4 おみくじを御神木に結ぶのもNG

神社へ参拝に上がった際に引くおみくじ。中には引いたおみくじを、御神徳を受けられるようにと御神木に結ぶ人がいらっしゃいます。これも御神木を傷つけることにつながるため避けましょう。おみくじ掛けに結んでも、そのまま持ち帰っても、どちらでも問題ありません。

5 お守りやお札は1年に一度神社に返す

お守りやお札を受けた際は、ずっと持ち続けるのではなく1年に一度神社に返して、また新しいものを受ける習慣をつけましょう。お守りやお札には神様が宿っているもの。その宿っているものは常に新しいものにしておくことが大切なのです。この考え方を常若《とこわか》といいます。

6 神社へは清潔な服装で

神社に限った話ではありませんが、参拝へ上がる際には毎日お風呂に入り、綺麗で清潔な服装でいるようにしましょう。お守りやお札を新しいものに保つ常若の考え方は、私たち自身にも言えること。御神徳を受けるのも、健康と命が保たれてこそなのです。

なぜルールではなく「モラル」なのか？

神社は教義・経典があるわけではないため、やってはいけないことは実はありません。ただ、ルールはなくてもモラルはあります。モラルは人それぞれ違いますが、神社参拝のすべてに共通するコツは、神社の中心に一番尊敬している先輩がいて、神社がその先輩の家だと思って所作を取ること。そう考えると、自然と取るべき行動がわかってくるでしょう。

神社は「心のジム」

神社で学んだことを日常生活に生かす

よく、神社に参拝するだけで運気が上がる・開運すると考えている人がいますが、それは間違いです。神社に参拝に上がることはもちろん大切ですが、参拝を通して学んだこと、感じたことをその後の生活にどう活かすかが重要なのです。

例えば、鳥居をくぐる際に一礼をする。これは他人の家におじゃまする際にひとこと「おじゃまします」と言うことであったり、仕事の場面で例えるならば会議室に入る際に「失礼します」と会釈をすることに置き換えることができるでしょう。

お賽銭を恩返しではなく恩送りととらえることは、取引先に手土産を持っていくことや、友人にちょっとしたプレゼントを贈ること、自分から行動を起こすことに置き換えることができます。

そういった、神社で学べる所作や振る舞いを日常生活に生かすことで、他人に与える印象が良くなって結果的に自分に良いことが還ってくる。そのように、日常生活で自分がどう動くべきかに目を向けることができるようになる。それこそが、神社で受けられる本当の意味での御神徳なのです。

それを教えてくれる・学べるのが神社であり、自分自身の考え方や価値観を鍛えてくれる場所でもあるため、神社はまさしく「心のジム」と呼ぶことができるでしょう。神社に参拝するだけでご利益が得られるわけではなく、その後こそが重要なのです。

神様と同じ景色を見る

神社からの帰りに見る景色は神様も見ている景色

神社へ参拝に上がることで運気が上がるわけではなく、むしろ神社で学んだことを日常生活にどう活かすかが大切。この考え方を持てば、神社参拝が減点方式ではなく、あえて言うのであれば加点方式であることに気がつくはずです。やってはいけないことがあるのではなく、どうすれば神様に喜んでもらえるか、より多くのことを学んで帰ることができるか、という方向に目が向くようになるでしょう。

そうして参拝を終えて神社から帰るときに私たちが見る景色は、神様が社殿から見ている景色でもあります。そしてその絶景を見るその瞬間が、最も神様が私たちの背中を押してくれている瞬間でもあるのです。願い事を叶えるのは神様ではなく、あくまでも自分自身。絶景神社へ参拝に上がる際は、そういった意識を持って絶景を見ると、また少し見え方が変わるかもしれません。

全国1万5千社を巡る中で、絶景と呼べる神社はたくさんありましたが、特に私が印象に残っているものに宮崎県日向市の大御《おおみ》神社境内に隣接する鵜戸《うど》神社があります。大御神社の社殿から歩いて数分、海岸沿いの洞窟内に鎮座する鵜戸神社は、洞窟内から入り口を振り返ると、まるで龍が天に昇っているかのような絶景を見ることができます。

皆さんも多くの神社へ参拝に上がって、心に残る絶景神社を探してみてはいかがでしょうか。

佐々木優太撮影
絶景カード

宮崎県日向市の大御神社境内に隣接する鵜戸神社。その洞窟内から撮影した絶景カード付録は巻頭をチェック！

佐々木さん撮影の絶景神社写真はInstagramでも公開中！

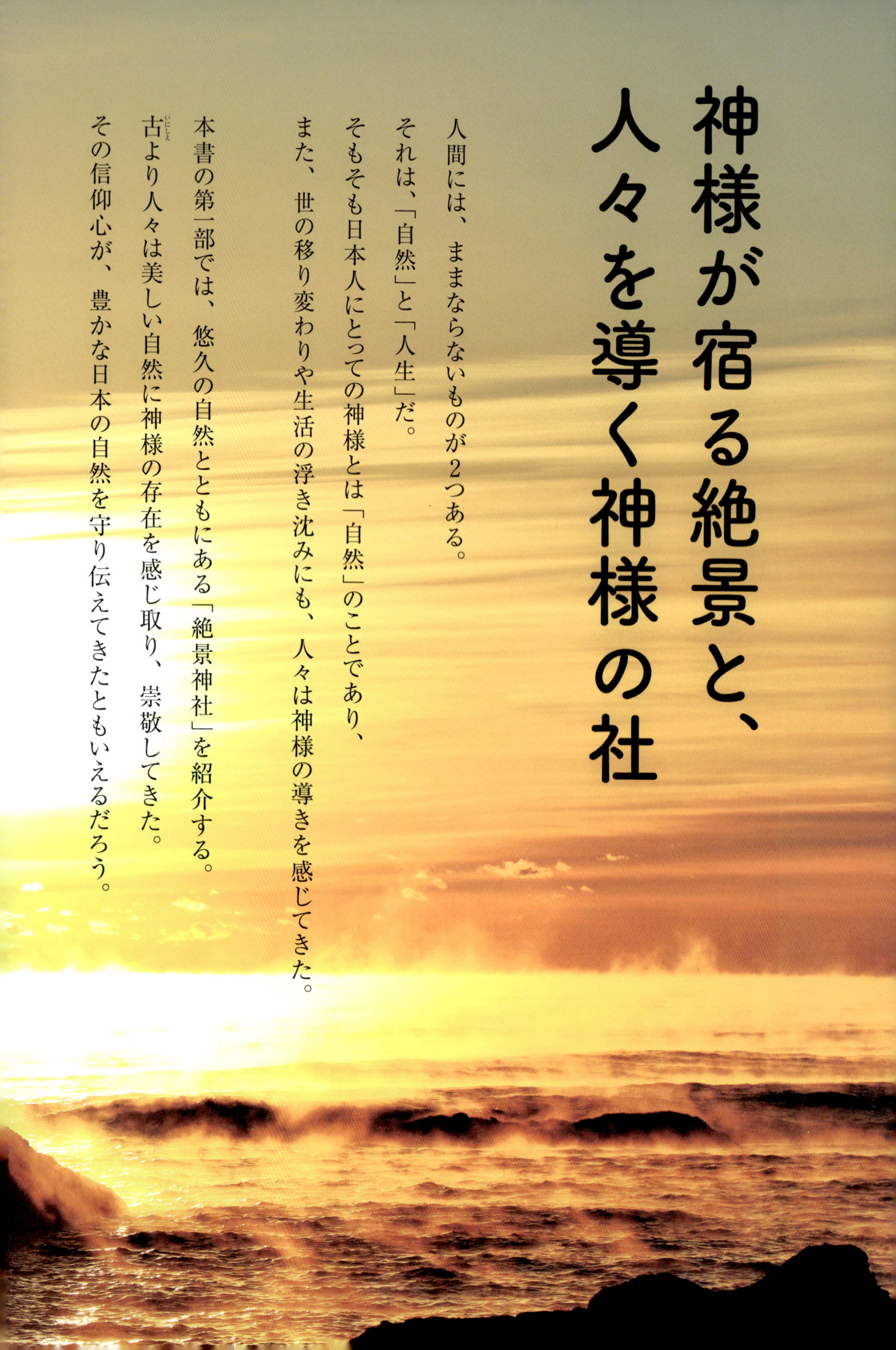

神様が宿る絶景と、人々を導く神様の社

人間には、ままならないものが2つある。
それは、「自然」と「人生」だ。
そもそも日本人にとっての神様とは「自然」のことであり、
また、世の移り変わりや生活の浮き沈みにも、人々は神様の導きを感じてきた。

本書の第一部では、悠久の自然とともにある「絶景神社」を紹介する。
古《いにしえ》より人々は美しい自然に神様の存在を感じ取り、崇敬してきた。
その信仰心が、豊かな日本の自然を守り伝えてきたともいえるだろう。

また、第二部では、金運や商売繁盛にまつわる神社を紹介する。
古来、人々はままならぬ人生の中で、神様の加護を祈り続けてきた。
その信仰心は、今も各地の神社で受け継がれている。

日本には、八百万の神様がいる。
「八百万」とは、「無数の」「たくさん」といった意味だ。
つまり、神様はあらゆる場所で私たちを見守っている。
その一方で、とくに「神様」の霊威を宿す場所がある。
それは、人々に恵みを与え、
ときに猛威をふるう自然であり、
人々が信仰し、畏れ敬い続けてきた神域である。

その「絶景」を見るだけで、
神様の加護と神威を感じられる聖域へ、
いざ、旅立ちましょう。

今から1100年以上前に、大洗磯前《おおあらいいそさき》神社と酒列磯前《さかつらいそさき》神社（ともに24ページ参照）の御祭神が降臨したと伝わる「神磯」の日の出。

見るだけで神様とつながる

奇跡の絶景神社

目次

データ欄の見方

① 神 稲荷大神（宇迦之御魂命、佐田彦命、大宮売命）

② 青森県つがる市牛潟町鷲野沢147−1

③ 0173-56-2015

④ JR五所川原駅よりバス約40分「高山神社入口」下車、タクシー約5分

① 御祭神

② 所在地

③ 電話番号

④ 交通アクセス

※交通アクセスは公共交通機関を利用して行く場合の最短、あるいはそれに準ずるコースを想定したものです。あくまでもアクセス方法の一例であり、時期や出発地、利用する交通機関などによっては別ルートを選択したほうが便利な場合もあります。

※御祭神の名称は、出典によって漢字表記が異なる場合があります（例：日本《やまと》武《たけるの》尊《みこと》（『日本書紀』）／倭建命《やまとたけるのみこと》『古事記』）。本書では、原則として神社紹介ページでは各掲載神社の表記に準じ、それ以外の解説ページでは『日本書紀』の神名表記に準じています。

第一部

全国の「絶景神社」めぐり

提供：（公社）和歌山県観光連盟

紀伊国一宮の丹生都比賣神社（55ページ参照）の楼門と天の川。同社が鎮座する天野の里は、高野山女人禁制の時代に、出家した女性が庵を結んだことから「女人高野」とも称された。

北海道

金比羅神社《こんぴらじんじゃ》

海に流れ着いたお札を祀った神社

北海道北西部に位置する初山《しょさん》別《べつ》村のみさき台公園（金比羅岬）の下に鎮座。その昔、この岬に流れ着いた金毘羅様のお札を地元の漁師が祀ったところ、この付近での海難事故が減ったと言い伝えられている。

海の中に建つ鳥居は夕景の絶景スポットとして知られる。御祭神は不明だが、四国の金刀比羅宮と同じ大物主命《おおものぬしのかみ》と崇徳《すとく》天皇と考えられている。

神 不明
北海道初山別村豊岬
0164-67-2211（初山別村）
留萌駅より車で約85分

海の中に建つ鳥居は昭和56年（1981）の建造。なお、参道の途中に建つ第二鳥居には「金比羅神社」ではなく、「豊岬《とよさき》 金刀比《ことひ》羅宮《らぐう》」と社名が書かれている。

提供：（公社）北海道観光振興機構

岸壁に祀られた祠。この場所は、もともとアイヌの人たちが漁業繁栄を祈る祈願所だったともいわれている。

提供：高山稲荷神社

境内社の龍神宮のあたりから、高さ約2mの千本鳥居が蛇行するように並ぶ。春の桜、夏の深緑、秋の紅葉、冬の雪景色など季節ごとに変化する風景も魅力。

96段の石段の上に建つ拝殿。御祭神の稲荷大神は、商売繁盛や殖産興業など広大無辺の御神徳を持つ「福神さま」として崇められている。

東北

高山稲荷神社《たかやまいなりじんじゃ》

朱の鳥居が並ぶ稲荷信仰の聖地

朱色の鳥居が無数に並ぶ光景で知られる東北の稲荷信仰の聖地。鎌倉時代から室町時代にかけて同地を統治していた豪族・安《あん》藤《どう》氏が創建したと伝わる。創建当時は山王大神《さんのうおおかみ》（※）を祀っていたが、江戸時代の赤穂《あこう》藩取り潰しの際、同地に移り住んだ藩士が赤穂城内に祀られていた稲荷《いなり》大神の御霊代を遷し祀ったという。五穀豊穣、海上安全、商売繁盛などのご利益で知られる。

⛩

- 神 稲荷大神（宇迦之御魂命、佐田彦命、大宮売命）
- 青森県つがる市牛潟町鷲野沢147−1
- 0173-56-2015
- JR五所川原駅よりバス約40分「高山神社入口」下車、タクシー約5分

※山王大神…三王大神とも。日吉大社などで祀られる山の神。大山咋神。

十和田神社《とわだじんじゃ》

2つの創建伝説を持つ秘境に鎮まる社

十和田湖に突き出した中山崎の付け根に鎮座。創建については、大同《だいどう》2年（807）に坂《さかの》上《うえの》田《た》村《むら》麻《ま》呂《ろ》が日本《やまと》武尊《たけるのみこと》を祀ったとする説と、湖を支配していた大蛇を退治した熊野の僧・南《なん》祖《そ》坊《ぼう》を青龍権現として祀ったとの2つの説がある。

境内奥にある断崖の湖岸には、南祖坊入水の場と伝わる「占《うらない》場《ば》」があり、吉凶を占う場として信仰を集めている。

⛩

- 神 日本武尊
- 青森県十和田市奥瀬十和田湖畔休屋486
- 0176-75-2508
- JR八戸駅よりバス約135分「十和田湖（休屋）」下車、徒歩約10分

十和田神社本殿の右手にある摂社・熊野神社（中央）と稲荷神社（右下）。熊野神社には伝説の僧・南祖坊が履いていたという鉄の草鞋が奉納されている。

十和田神社の拝殿。現在の十和田神社の御祭神は日本武尊だが、江戸時代までは十和田青龍権現を祀る神仏習合の社寺で、水神信仰の聖地として崇められてきた。

提供：（一社）東北観光推進機構

羽黒山神社の五重塔（国宝）。約600年前の建立と伝わる。

提供：（一社）東北観光推進機構

出羽三山の神域の入口に建つ高さ約24mの大鳥居。背後にそびえる出羽三山の主峰・月山は標高1984mで、山形県のほぼ中央に位置する。

■提供：山形県

出羽神社に建つ三神合祭殿《さんじんごうさいでん》（国指定重要文化財）。文化元年（1818）に完成したもので、高さ28mを誇る国内最大級の茅葺建築物。三山の御祭神が併せ祀られている。

東北

出羽三山神社《でわさんざんじんじゃ》

3つの霊峰からなる東北を代表する聖地

出羽三山とは羽黒山《はぐろさん》、月山《がっさん》、湯殿山《ゆどのさん》のことで、三山それぞれに出羽《いでは》神社、月山神社、湯殿山神社が鎮座する。今から1400年以上前、第32代崇峻《すしゅん》天皇の御子・蜂子皇子《はちこのおうじ》が、父を暗殺した蘇我馬子《そがのうまこ》から逃れて羽黒山にたどり着き、社を建てたことが同社のはじまりと伝わる。

江戸時代には「西の伊勢参り、東の奥参り（※）」と称され、多くの参拝者で賑わった。

⛩

- 神 月読命［月山神社］、伊氐波神、稲倉魂命［出羽神社］、大山祇命、大己貴命、少彦名命［湯殿山神社］
- 山形県鶴岡市羽黒町手向字手向7［出羽三山神社社務所］
- 0235-62-2355
- JR鶴岡駅前よりバス約53分「羽黒山頂」下車、徒歩約5分［出羽神社］

※奥参り…湯殿山が出羽三山の「奥の院」と呼ばれていたことから、出羽三山詣でを「奥参り」と称するようになった。

東北

志波彦神社・鹽竈神社《しわひこじんじゃ・しおがまじんじゃ》

桜と随身門（国指定重要文化財）。鹽竈神社の桜は古くから有名で、境内の27本が国指定天然記念物となっている。

提供：宮城県

提供：宮城県

鹽竈神社は塩釜湾を東に望む高台の一森山に鎮座。一森山という名称は、仙台藩初代藩主・伊達政宗公が命名したと伝わる。

神 塩土老翁神、武甕槌神、経津主神［鹽竈神社］、志波彦大神［志波彦神社］

宮城県塩竈市一森山1-1

022-367-1611

JR本塩釜駅より徒歩約15分

朝野の崇敬を集めた陸奥国一宮

鹽竈神社は、東北鎮護・陸奥《むつの》国《くに》一宮《いちのみや》として、古くから朝廷や庶民の崇敬を集めてきた。志波彦神社は平安時代に編纂された『延喜式《えんぎしき》』にも記載のある古社で、明治時代に鹽竈神社の別宮本殿に遷し祀られた。現在の鹽竈神社社殿は宝永元年（1704）に完成したもので、平成14年（2012）に14棟の建物と石鳥居一基が国の重要文化財の指定を受けた。

新宮熊野神社《しんぐうくまのじんじゃ》

喜多方《きたかた》の地に鎮まる紀州熊野の神々

天喜3年(1055)に、源《みなもとのよりよし》 頼義が熊野三社を勧請《かんじょう》(※)したのが起源と伝わる古社。「長床《ながとこ》」と呼ばれる吹き抜けの拝殿は応徳3年(1085)の造営で、寝殿造(当時の貴族の邸宅の建築様式)の流れを汲んでいる。長床の前には樹齢800年ともいわれる高さ30m、胸高の幹周り7・73mの大イチョウがあり、秋にはその落葉が周囲を黄色く染め上げる。

※勧請…神仏の分身や分霊を他の地に遷し祀ること。

⛩

- 神 熊野三山(家都御子神、熊野速玉大神、熊野夫須美大神)
- 福島県喜多方市慶徳町新宮字熊野2258
- 0241-23-0775[新宮地区重要文化財保存会]
- JR喜多方駅からタクシー約10分

長床から見たご神木の大イチョウ。毎年、葉が色づく11月中旬には期間限定でライトアップされる。

提供:(公財)福島県観光物産交流協会

長床(国指定重要文化財)と色づきはじめた大イチョウ。併設されている熊野神社宝物殿では、文殊菩薩坐像(県指定重要文化財)や銅鉢(国指定重要文化財)など多くの文化財が拝観できる。

戸隠神社《とがくしじんじゃ》

⛩

📞 026-254-2001（戸隠神社社務所）

中社から奥社へと続く約2kmの奥社参道。その中ほどにある随身門の先には、約300本の杉並木が続く。

提供：（公財）ながの観光コンベンションビューロー

神話とともにある山岳信仰で栄えた霊場

標高1904mの霊峰・戸隠山のふもとに鎮まる戸隠神社は、宝光社《ほうこうしゃ》・火之御子社《ひのみこしゃ》・中《ちゅう》社《しゃ》・奥社《おくしゃ》・九頭龍社《くずりゅうしゃ》の5社からなり、それぞれの社では「天《あまの》岩戸《いわと》神話」ゆかりの神々が中心に祀られている。

戸隠神社発祥の地とされる奥社は嘉祥2年（849）の創建と伝わり、無双の神力をもって天岩戸を開いて天照大御神《あまてらすおおみかみ》を導いた天手力雄命《あめのたぢからおのみこと》を祀る。

戸隠山は、古くから山岳信仰の対象として崇められてきた修験道の聖地だった。神仏習合（※）時代には戸隠山顕光寺《とがくしさんけんこうじ》と呼ばれ、その繁栄は「戸隠三千坊」とも称された。

奥社へと続く参道には、当時の繁栄を伝える講堂の礎石や石塔など多くの名所・旧跡が残されている。

※神仏習合…日本古来の神の信仰（神道）と外来信仰の仏教が融合した宗教思想。平安時代から明治時代の神仏分離まで続いた。

信州に鎮まる神話の神々

提供：（公財）ながの観光コンベンションビューロー

宝光社

中社の御祭神である天《あめの》八《や》意思兼命《ごころおもいかねのみこと》の御子神・天表春命《あめのうわはるのみこと》を祀る。開拓、学問技芸、裁縫、安産、女性や子どもの守り神として信仰される。

- 神　天表春命
- 長野県長野市戸隠
- JR長野駅よりバス約65分「戸隠宝光社」下車、徒歩約2分

火之御子社

主祭神は、「天岩戸開き神話」において、天岩戸の前で踊った天鈿女命《あめのうずめのみこと》。舞楽芸能の神、縁結びの神、火防の神として尊崇されている。

- 神　天鈿女命、高皇産御霊命、栲幡千々姫命、天忍穂耳命
- 長野県長野市戸隠
- JR長野駅よりバス約65分「戸隠営業所」下車、徒歩約2分

提供：（公財）ながの観光コンベンションビューロー

提供：（公財）ながの観光コンベンションビューロー

中社

「岩戸開き」の際に知恵を発揮した天八意思兼命を祀る。学業成就や商売繁盛、開運、厄除け、家内安全などの御神徳で知られる。

- 神　天八意思兼命
- 長野県長野市戸隠3506
- JR長野駅よりバス約65分「戸隠中社」下車すぐ

奥社・九頭龍社

鳥居越しに見える社殿が奥社。開運、心願成就、五穀豊熟、スポーツ必勝などの御神徳で知られる。鳥居左に見える九頭龍社は、古くから信仰されてきた地主神を祀る。背後の戸隠山は天岩戸が飛来してできたものと伝わる。

- 神　天手力雄命［奥社］、九頭龍大神［九頭龍社］
- 長野県長野市戸隠
- JR長野駅よりバス約65分「戸隠奥社入口」下車、徒歩約40分

拝殿。彌彦神社の社殿は明治末の焼失後、近代神社建築の泰斗・伊東忠太の設計により大正5年(1915)に再建された。

提供：(公社) 新潟県観光協会

提供：(公社) 新潟県観光協会

境内を流れる御手洗川にかかる玉の橋。神様のための橋なので、参拝者が渡ることはできない。明治末に社殿が焼失するまでは拝殿前に置かれていたという。

甲信越

彌彦神社《やひこじんじゃ》

縁結びのご利益で知られる越後国《えちごのくに》一宮

越後開拓の祖神・天香山命《あめのかぐやまのみこと》を祀る越後国一宮。社伝によると、創建は第6代孝安《こうあん》天皇元年(紀元前392)という。

彌彦神社は越後平野の中央にそびえる弥彦山のふもとに鎮座しており、4万坪におよぶ広大な鎮守の杜に包まれた境内には神聖な空気が漂う。

社殿の背後にそびえる弥彦山の山頂には、御祭神とその妃神を祀る御神廟(奥宮)がある。

神 伊夜日子大神 (天香山命)
新潟県西蒲原郡弥彦村弥彦2887-2
0256-94-2001
JR弥彦駅より徒歩約15分

甲信越

河口浅間神社《かわぐちあさまじんじゃ》

悠久の時を刻む山の神を祀る社

貞観6年（864）に起こった富士山の大噴火の翌年、噴火を鎮めるため勅命によって創建された古社。境内には樹齢1200年以上の「七本杉」があり、そのうち2本並んだ「両柱杉《ふたはしら》」は縁結び、良縁の神徳のあるご神木とされている。また、境内から30分ほど歩いた場所にある三ッ峠への入口には、かつて富士登拝に向かう人々が禊を行った聖地・母の白滝神社がある。

神 木花開耶姫命（浅間大神）
山梨県南都留郡富士河口湖町河口1
0555-76-7186
JR河口湖駅よりバス約20分「河口郵便局前」下車、徒歩約3分

参道の杉並木と社殿。社殿から富士山の方向に向かって植えられた樹高40mを越える7本の御神木「七本杉」は、昭和33年(1958)に県の天然記念物に指定された。

かつて修験道の霊場だった三ッ峠の入口に鎮座する母の白滝神社。木花開耶姫命《このはなのさくやひめのみこと》の姑神である万幡豊秋津師比売命《よろずはたとよあきつしひめのみこと》を祀る。

甲信越

車山神社《くるまやまじんじゃ》

眼下に広がる雲海と日本を代表する山々

日本百名山の１つに数えられる霧ヶ峰の最高峰、標高１９２５ｍの車山山頂近くに鎮座する小さな社で、「天空神社」とも称される。この地は縄文時代から日本中の山々を遥拝する聖地で、境内周辺からは祭祀に使う宝具や呪具などが出土している。

天候がよい日には、境内から富士山や八ヶ岳、北・南・中央アルプス、浅間山などの日本を代表する山々が一望できる。

⛩

神 大山津見神、建御名方神

長野県茅野市北山3413

0266-68-2626（車山高原SKYPARK）

JR茅野駅よりバス約60分「車山高原」下車、リフト約15分「スカイパノラマ山頂駅」下車、徒歩約10分

車山山頂からは360度のパノラマビューを楽しめる。ふもとの諏訪盆地に雲海が広がることも多く、日本屈指の絶景スポットとして知られる。

太古より祈りの場所だった聖地

関東

大洗磯前神社・酒列磯前神社《おおあらいいそさきじんじゃ・さかつらいそさきじんじゃ》

二柱の神が降臨した磯に建つ鳥居

斉衡3年（856）、現在の神磯《かみいそ》に大己貴命《おおなむちのみこと》と少彦名命《すくなひこなのみこと》が降臨し、「我は大己貴と少彦名である。昔、国づくりを終えて東の海に去ったが、人々を救うために再び帰ってきた」と述べたため、大己貴命と少彦名命を祀る大洗磯前神社と酒列磯前神社が創建されたと伝わる。

現在、二柱の神が降臨したと伝わる海岸の岩礁の上には鳥居が建てられており、神社だけでなく鎮座地・大洗町のシンボルとなっている。

大洗磯前神社の社殿は戦国時代の兵乱によって焼失してしまったが、江戸時代になり水戸黄門こと水戸藩2代藩主・徳川《とくがわ》光圀《みつくに》の命で元禄3年（1690）に造営がはじまり、享保15年（1730）に完成したのが現在の本殿、拝殿、随神門である。

常陸《ひたち》に鎮まる国づくりの神

大洗磯前神社

二の鳥居と90段の石段。境内に建つ拝殿と本殿は県の文化財に指定されている。

神 大己貴命、少彦名命
茨城県東茨城郡大洗町磯浜町6890
029-267-2637
鹿島臨海鉄道大洗駅よりバス約15分「大洗磯前神社下」下車すぐ

酒列磯前神社

宝くじ当選者が奉納した亀石像。神社に参拝したあとで触るとご利益があるという。

神 少彦名命、大名持命
茨城県ひたちなか市磯崎町4607-2
029-265-8220
ひたちなか海浜鉄道磯崎駅より徒歩約10分

大己貴命と少彦名命が降臨したと伝わる神磯。古くから景勝地として知られており、徳川光圀が参拝の折に、この景観を称えて「あらいその 岩にくだけて 散る月を 一つになしてかへる波かな」と詠んだという。

酒列磯前神社の参道。樹齢300年を超える椿やタブノキの樹叢がトンネル状に参道を覆い並んでいる。冬には椿の花が咲き誇り約300mの参道を彩る。

北関東

瀧尾神社《たきのおじんじゃ》

深い森の中に鎮まる女神を祀る社

日光二荒山神社の北西約1km の深い木立の中に鎮まる神社。二荒山神社の別宮で、二荒山神社の主祭神である大己貴命の妃神・田心姫命《たごりひめのみこと》を祀ることから「女体中宮《にょたいちゅうぐう》」とも称される。伝説では、弘法大師空海《こうぼうだいしくうかい》が弘仁11年（820）に、この地に瀧尾権現（田心姫命）を祀ったことが起源という。境内には子宝を授かるという「子種石」や霊泉「酒の泉」などがある。

神 田心姫命（瀧尾権現）
栃木県日光市山内
0288-54-0535［日光二荒山神社］
JR日光駅・東武「東武日光駅」からバス約5分「神橋」下車、徒歩約30分

瀧尾神社の入口近くにある白糸の滝。この滝で弘法大師空海が修行したという伝説がある。

提供：（一社）日光市観光協会

参道に建つ「運試しの鳥居」。鳥居の小さな穴に石を3回投げ、1つでも穴を通ったら願いが叶うと言われている。瀧尾神社は、二荒山神社と本宮神社とともに「日光三社」として知られる。

提供：（公社）栃木県観光物産協会

境内へと続く石段と鳥居。境内にある杉のうち3本が市の天然記念物に指定されており、鳥居横の杉はそのうちの１本。樹齢は約500年で幹回りは約6mもある。

拝殿。ここから奥の宮へと続く参道の途中にある2本のカツラの巨木（樹齢約700年と1000年）は「加蘇山の千本かつら」と呼ばれ、県の天然記念物に指定されている。

北関東

加蘇山神社《かそやまじんじゃ》

山岳信仰の霊場に厳かに鎮座する古社

神護景雲年間（767〜770）に、日光開山の祖として知られる勝道上人《しょうどうしょうにん》が開山したと伝わる。古来、山岳信仰の対象とされてきた石裂山《おざくさん》のふもとに鎮座し、山頂の近くにある奥の宮まで登山道が整備されている。平安時代の歴史書『日本三代実録』にも「賀蘇山神」と記された由緒ある神社で、五穀豊穣や武勇の神として信仰を集めてきた。

⛩

神 磐裂命、根裂命、武甕槌男命
栃木県鹿沼市上久我3440
0289-65-8627
JR鹿沼駅からバス約50分「石裂山」下車、徒歩約5分

北関東

妙義神社《みょうぎじんじゃ》

参道の途中に建つ銅鳥居。この先の石造りの太鼓橋を渡ると上部神域へと続く165段の石段があり、随身門をくぐると正面に見事な石垣が現れる。写真右上にそびえるのは妙義山主峰の相馬岳《そうまだけ》（標高1103m）。

壮麗な社殿群と見事な四季の景観

奇岩と怪石で名高い妙義山の主峰・白雲山《はくうんざん》の東山麓に鎮座。創建は宣化《せんか》天皇2年（537）と伝わる。古くは波己曽《はこそ》神社と呼ばれていたが、後醍醐《ごだいご》天皇に仕えた権大納言長親《ながちか》が妙義山の奇勝を愛でて「明巍《みょうぎ》」と称えたことから「妙義」と称されるようになったという。古くより朝野の崇敬篤く、開運、商売繁盛の神、火防の神、学業児童の神、縁結びの神、農耕桑蚕の神として広く知られ、関東・甲信越地区を中心に多くの参拝者を集めてきた。広大な境内に点在する建造物のほとんどが国の重要文化財に指定されており、とくに江戸中期建造の御本社・唐門・総門は、漆塗り、彩色、彫刻により装飾され見事である。春の桜や秋の紅葉など季節ごとの美しい景観でも知られる。

奇勝を望む 霊妙なる神域

神域の入口に建つ随神門。明暦頃の建立で、令和6(2024)に、廻廊、銅鳥居、御殿、社務所などとともに国重要文化財に追加指定された。

唐門をくぐった正面にある拝殿、幣殿、本殿からなる権現造の本社。宝暦6年(1756)の建造で国指定重要文化財。

妙義山の山容。群馬を代表する山の一つで、赤城山、榛名山とともに上毛三山に数えられる。

提供：観光ぐんま写真館

- 日本武尊、豊受大神、菅原道真公、権大納言長親卿
- 群馬県富岡市妙義町妙義6
- 0274-73-2119
- JR松井田駅よりタクシー約10分

南関東

洲崎神社《すのさきじんじゃ》

源頼朝《みなもとのよりとも》が戦勝祈願した安房国《あわのくに》一宮

初代神武《じんむ》天皇の御代、安房開拓のためこの地に上陸した天《あめの》富命《とみのみこと》が、祖母神である天《あめの》比《ひ》理《り》乃咩命《とめのみこと》の鏡を御神体として祀ったのがはじまりと伝わる。また、同社は石橋山合戦に敗れ安房へ逃れた源頼朝が戦勝祈願した神社としても知られる。

東京湾の出入り口を見下ろす場所に鎮座することから、古来、漁業神、航海神としても崇敬されてきた。

洲崎神社は標高約110mの御手洗山に鎮座。境内へと続く石段を登って背後を見下ろすと、東京湾や相模湾を一望する絶景が広がる。本殿裏の御手洗山には常緑樹の自然林が残されており、昭和47年(1972)に県の天然記念物に指定された。

⛩

- 神 天比理乃咩命、天太玉命、天富命
- 千葉県館山市洲崎1344
- 0470-29-0713
- JR館山駅よりバス約30分「洲の崎神社前」下車、徒歩約5分

境内ふもとの洲崎海岸に建つ浜鳥居。よく晴れた日には鳥居越しに富士山を見ることができる。

菜（名）島の鳥居。境内裏の磯部より約700mの沖合にある小さな島で、森戸大明神の赤い鳥居が建てられている。海岸から望む夕景は「森戸の夕照」として「かながわの景勝50選」に選ばれている。

本殿と拝殿の間に石の間（相の間）を設けた権現造の社殿（町指定重要文化財）。晴れた日には、この場所から葉山の美しい海を一望できる。

南関東

森戸大明神《もりとだいみょうじん》（森戸神社《もりとじんじゃ》）

武将たちに崇敬された葉山の総鎮守

治承4年（1180）、源頼朝が三嶋明神（三嶋大社）の加護に感謝し、その分霊を祀ったのが同社の起源と伝わる。その後も歴代将軍がこの地を訪れ、流鏑馬《やぶさめ》や笠懸《かさがけ》などの武事を行ったという。天正19年（1591）には徳川家康《とくがわいえやす》より社領七石が寄進された。現在も葉山の総鎮守として崇敬され、境内裏の海岸からは菜（名）島の鳥居や葉山灯台、江ノ島、富士山が一望できる。

⛩

- 神 大山祇命、事代主命
- 神奈川県三浦郡葉山町堀内1025
- 046-875-2681
- JR逗子駅・京急逗子・葉山駅よりバス約15分「森戸神社」下車、徒歩約1分

南関東

大山阿夫利神社《おおやまあふりじんじゃ》

人々の信仰を集めてきた関東総鎮護の霊峰

2200年以上前の第10代崇《す》神《じん》天皇の御代に創建されたと伝わる神社で、古くから雨乞いや五穀豊穣の祈願の対象として崇敬されてきた。その後、奈良時代には神仏習合の霊山として、鎌倉時代には武運長久の祈りの場所としても信仰を集めた。江戸時代になると「大山詣り」が庶民の間で流行。江戸の人口が100万人の時代に、年間20万人もの参拝者が訪れたという。

神 大山祇大神、高龗神、大雷神
神奈川県伊勢原市大山355
0463-95-2006
小田急伊勢原駅よりバス約25分「大山ケーブル」下車、徒歩約15分の大山ケーブル「山麓駅」よりケーブルカー約6分「阿夫利神社駅（山上駅）」下車、徒歩約1分

大山の中腹、標高約700mの場所に鎮座する下社の拝殿。下社からさらに2時間ほど登った、標高1251.7mの大山の頂上付近に本社が鎮まる。

下社境内へと伸びる石段の上に建つ大鳥居。晴れた日にはこの鳥居付近から湘南海岸や、遠く横須賀方面まで見渡すことができる。

提供：（公社）静岡県観光協会

遥拝所。南北約15m、東西約8mの玉垣の中には、祭儀が行われた際に使用したとされる溶岩を用いた石列がある。

参道の奥に建つ籠屋。かつて山宮浅間神社で祭儀を執り行った際、大宮司以下の新色や社叢が一夜参籠した。現在の建物は昭和8年（1933）に建てられたもの。

東海

山宮浅間神社《やまみやせんげんじんじゃ》

日本武尊が創祀した最古の浅間神社

社記によれば、第12代景行《けいこう》天皇の御代、日本武尊が東征の途次、この地に富士の神霊を祀ったのが起源で、大同元年（806）に坂上田村麻呂が現在の富士山本宮浅間大社の鎮座地に社殿を造営し、遷し祀ったという。そのため、同社は浅間大社の山宮（元宮）とされる。

同社境内には、古い富士山祭祀の形を残しているとされる遥拝所がある。

神 木花之佐久夜毘売命（浅間大神）

静岡県富士宮市山宮740

0544-58-5190（山宮浅間神社案内所）※土日祝のみ

JR富士宮駅よりバス約9分「万野団地入口」下車、徒歩約30分、またはJR富士宮駅より車で約15分。

※富士宮市内定期観光バス「強力（ごうりき）くん」午前コース、1200円（子ども半額）※土日祝限定運行

問い合わせ先：富士急行静岡バス（株）0544-26-8131

伊古奈比咩命神社（白濱神社）《いこなひめのみことじんじゃ（しらはまじんじゃ）》

美しい女神を祀る伊豆最古の社

伊豆半島の先端近くに鎮座する伊古奈比咩命神社（通称・白濱神社）は、約２４００年の歴史を持つ伊豆最古の神社。主祭神の伊古奈比咩命は、商業・漁業の神様である三嶋大明神（三嶋大社の御祭神）の后神で、縁結び、子育ての神様として崇敬されてきた。境内には樹齢２０００年のビャクシンの巨木がそびえ、神社裏には白砂海岸として有名な白浜海岸がある。

- 神 伊古奈比咩命、三嶋大明神、見目、若宮、剣ノ御子
- 静岡県下田市白浜2740
- 0558-22-1183
- 伊豆急行下田駅よりバス約17分「白浜神社前」下車すぐ

鳥居越しに見える巨木は樹齢2000年といわれる「薬師の柏槇《びゃくしん》」。境内には国の天然記念物に指定されたアオギリの自生地「青桐の樹林」もある。

白浜海岸の北端にある大明神岩に据えられた鳥居。岩の上からは遠く伊豆七島まで見渡すことができる。

山頂の展望台から社殿と雲見海岸を望む。晴れた日には、この場所から富士山や南アルプスなどが一望できる。同社は、古くから漁の神として漁民の間で広く信仰を集めた。

中腹の拝殿へと続く130段の石段。この先に中之宮（女宮）へと続く320段の石段があり、そこから山頂近くの本殿へはさらに10分ほど石段を登る。

東海

雲見浅間神社《くもみせんげんじんじゃ》

岩上に祀られた富士山の女神の姉

海に突き出した標高162mの烏帽子山《えぼしやま》の岩上に鎮座。全国にある浅間神社の多くは木花《このはなの》開耶《さくや》姫命《ひめのみこと》（天孫降臨神話で知られる瓊瓊杵尊《ににぎのみこと》の妃で、富士山の御祭神）を祀るが、同社はその姉姫の磐長姫命《いわながひめのみこと》を祀る。

神話では、磐長姫は妹に比べ容貌が優れないことを恥じていたことから、この山で富士山をほめると振り落とされる、けがをするといった伝承がある。

神 磐長姫命

静岡県賀茂郡松崎町雲見386-2

0558-42-3964［松崎町企画観光課］

伊豆箱根鉄道修善寺駅よりバス約50分「松崎」乗換、バス約20分「雲見浜」下車、徒歩約25分

東海

小國神社《おくにじんじゃ》

国づくりの神を祀る 遠江国一宮

「癒やしの斎庭《ゆにわ》」とも称される荘厳なご神域を有する遠江国《とおとうみのくに》一宮。その起源は6世紀にまでさかのぼるという。鎌倉時代以降は朝廷や武将の崇敬も篤く、江戸時代には徳川家康が社殿を再建するなど、歴代の将軍の庇護を受けた。同社の御祭神は国づくりの神である大己貴命（大《おお》国主命《くにぬしのみこと》、大国様）で、開運厄除、縁結び、交通安全の神様としても信仰を集める。

神 大己貴命
静岡県周智郡森町一宮3956-1
0538-89-7302
天竜浜名湖鉄道遠江一宮駅下車、徒歩約50分（※元旦を除く毎月1日および15日の送迎マイクロバスにて約10分）

春の桜、梅雨どきの花菖蒲、秋の紅葉など四季折々の美しい風景が楽しめる境内。神域は約30万坪（東京ドーム21個分）および、神奈備山である本宮山（標高511m）に鎮座する奥宮・奥磐戸《おくいわと》神社の境内からは遠州灘を望むことができる。

提供：森町観光協会

事待池《ことまちいけ》と境内社の八王子社《はちおうじしゃ》（中央）、宗《むな》像社《かたしゃ》（右）。紅葉スポットとしても人気で、秋になると境内を流れる宮川沿いに約1000本ものモミジが色づく。

提供：森町観光協会

参道の石段。鬱蒼と生い茂る木々の中に、苔に覆われた長い石段が続く。神社の裏には直下10mの権現瀧がある。

東海

瀧神社《たきじんじゃ》

木々と苔に覆われた山岳信仰の霊跡

高賀《こうか》三山（高賀山、瓢《ふくべ》ヶ岳《だけ》、今淵《いまふち》ヶ岳《だけ》）のふもとに点在する「高賀六社」の1社で、高賀神社ふもとの標高約420mの高地に鎮座。江戸時代、高賀修験集団によって六社をめぐる高賀山信仰が成立し、のちに庶民の間にも広まっていった。六社はいずれも、この地で妖怪を退治したと伝わる藤原高光《ふじわらのたかみつ》の創祀とされる。境内へと続く参道の周囲には古木の杉が立ち並ぶ。

⛩

神 罔象女命、瀬織津比命

岐阜県美濃市乙狩2218

0575-35-3660（美濃市観光協会）

湯の洞温泉口駅より徒歩約210分

日本を代表する聖地 伊《い》勢《せ》めぐり

提供：（公社）伊勢志摩観光コンベンション機構

内宮の入口にあたる宇治橋《うじばし》の大鳥居。冬至を中心とした前後1カ月、この大鳥居から昇る日の出を望むことができる。

倭姫命《やまとひめのみこと》の巡行《じゅんこう》と天照大御神の御鎮座

日本神話における最高神にして皇室の祖神・天照大御神が鎮まる伊勢は、日本を代表する聖地である。

今からおよそ2000年前、第11代垂仁《すいにん》天皇の皇女・倭姫命は、天照大御神が鎮座する場所を求め40年にわたって各地をめぐり、伊勢へとたどり着いた。そのとき、天照大御神は倭姫命に「ここは辺境だが美しい国なので、私はこの国に住もうと思う」と告げたという。

伊勢には、皇大神宮《こうたいじんぐう》（伊勢神宮内宮《ないくう》）のほかにも倭姫命の足跡を伝える聖地が数多く点在する。

内宮の創祀からおよそ500年後、第21代雄略《ゆうりゃく》天皇の夢枕に天照大御神が立ち、丹波国《たんばのくに》（現在の京都府中部と北部、兵庫県北東部）から豊受大御神《とようけのおおみかみ》を迎えるよう求めたことから創建されたのが豊受大神宮《とようけだいじんぐう》（伊勢神宮外宮《げくう》）である。

提供：三重フォトギャラリー

外宮の参道と鳥居。伊勢神宮の祭祀は、内宮より先に外宮で執り行われる（外宮先祭）。これにならい、参拝者も外宮からお参りすることがならわしになっている。

皇大神宮（内宮）

- 天照大御神
- 三重県伊勢市宇治館町1
- 0596-24-1111［神宮司庁］
- JR・近鉄伊勢市駅・近鉄宇治山田駅よりバス約20分「内宮前」下車すぐ、または近鉄五十鈴川駅より徒歩約30分（タクシー約6分）

豊受大神宮（外宮）

- 豊受大御神
- 三重県伊勢市豊川町279
- 0596-24-1111［神宮司庁］
- JR・近鉄伊勢市駅より徒歩約7分（バス約3分「外宮前」下車すぐ）

二見興玉神社《ふたみおきたまじんじゃ》

猿田彦大神《さるたひこのおおかみ》が鎮まる 霊石・興玉神石《おきたましんせき》を祀る

倭姫命が天照大御神の鎮座地を求めて諸国をめぐる途中、この地で猿田彦大神が鎮まる霊石・興玉神石を拝するため、夫婦岩に注連縄を張って遥拝所としたのが同社の起源と伝わる。かつて興玉神石は海上に露出していたが、現在は夫婦岩の沖合約700mの海中に沈んでいる。

古くは伊勢神宮参拝の前に二見浦の海水で心身を清める「浜参宮」という習わしがあった。

⛩

- 神　興玉大神（猿田彦大神）、宇迦乃御魂大神
- 三重県伊勢市二見町江575
- 0596-43-2020
- JR二見浦駅より徒歩約15分

拝殿と夫婦岩。天平年間に僧の行基《ぎょうき》が興玉社を創建したと伝わり、明治43年（1910）に宇迦御魂大神を祀る三宮神社を合祀して二見興玉神社と改称、昭和20年（1945）に佐見津比古命《さみつひこのみこと》と大若子命《おおわかこのみこと》を祀る栄野神社《えいのじんじゃ》を合祀した。

夫婦岩越しに朝日を背負う富士山を望む。夫婦岩は霊石・興玉神石を拝するための鳥居の役目を果たし、古くは男岩を「立岩《たていわ》」、女岩を「根尻岩《ねじりいわ》」と呼んでいた。

提供：（公社）三重県観光連盟

秘境神社参拝

深い森の中に鎮まる清浄なる神域

豊かな自然が残る伊勢には、太古の神域の趣を伝える由緒ある古社が点在している。

瀧原宮と瀧原並宮はともに内宮の別宮で、伊勢神宮から約40kmも離れた地にあることから、同じく別宮の伊雑宮《いざわのみや》（※）とともに皇大神宮の「遙宮《とおのみや》」とも称される。この地は倭姫命が内宮にたどり着く前に、一時的に天照大御神を祀った場所と伝わる。

伊射波神社は、天照大御神に仕えていた姫君・稚日女尊《わかひるめのみこと》、倭姫命が志摩を訪れたときに出迎えたとされる伊佐波登美命《いざわとみのみこと》を祀る神社。前出の伊雑宮とともに志摩国《しまのくに》一宮とされる。

※伊雑宮…志摩市磯部町に鎮座。天照大御神の御魂を祀る別宮で、伊勢国一宮。

瀧原宮《たきはらのみや》・瀧原竝宮《たきはらならびのみや》

境内を流れる頓登川《とんどがわ》に設置された御手洗場《みたらし》。樹齢数百年の杉の木立に囲まれた約600ｍの参道の途中にある。参拝は瀧原宮、瀧原並宮の順にするのが一般的。両宮はともに天照大御神の御魂を祀る。

神 天照坐皇大御神御魂
三重県度会郡大紀町滝原872
0596-24-1111［神宮司庁］
JR瀧原駅より徒歩約20分

聖地に残された古の祈りと信仰

伊射波神社《いさわじんじゃ》

緑のトンネルと化した参道。境内はシイやタブノキなどの巨木に覆われている。加布良古崎《かぶらこざき》に鎮座することから地元では“かぶらこさん”とも呼ばれる。縁結びや海上安全、五穀豊穣、病気平癒などの御神徳で知られる。

神 稚日女尊、伊佐波登美尊、玉柱屋姫命、狭依姫命
三重県鳥羽市安楽島町1020
0599-25-4354
JR鳥羽駅よりバス約20分「「安楽島」下車、徒歩約30分

伊勢めぐり

椿大神社《つばきおおかみやしろ》

導きの神を祀る 伊勢国一宮

猿田彦大神を祀る全国二千余社の本宮で、日本最古の神社ともいわれる。古くは高山入道ヶ嶽と短山椿ヶ嶽を天然の社とした。主祭神の猿田彦大神は、天孫降臨の際に瓊瓊杵尊を高千穂《たかちほ》の峰へと先導したことから、導きの神として信仰される。また、別宮で猿田彦大神の妻神で芸能の祖神とされる天之鈿女命《あめのうずめのみこと》を祀ることから、縁結びや芸能上達の御神徳でも信仰を集めている。

⛩

- 神 猿田彦大神、瓊瓊杵尊、栲幡千々姫命、天之鈿女命、木花開耶姫命、行満大明神
- 三重県鈴鹿市山本町1871
- 059-371-1515
- 近鉄四日市駅よりバス約60分「椿大神社」下車すぐ

鳥居と社叢越しに拝殿を望む。第11代垂仁天皇27年(紀元前3)に、倭姫命により「道別大神《ちわきのおおかみ》の社」として社殿が奉斎された日本最古の神社とされる。

標高906.1mの高山入道ヶ岳山頂に鎮座する奥宮の鳥居。眼下に伊勢平野と伊勢湾を見渡すことができる。一帯には太古の祭祀跡である磐座《いわくら》が点在する。

椿岸神社。猿田彦大神の妻神・天之鈿女命を祀る別宮で、芸道の祖神、鎮魂の神、夫婦円満、縁結びの神として信仰される。

雄山神社《おやまじんじゃ》

霊峰・立山《たてやま》を御神体と崇める山岳信仰の霊場

峰本社、中宮祈願殿、前立社壇の3社からなる、霊峰・立山を御神体とする神社。大宝元年（701）に景行天皇の後裔である佐伯有頼《さえきのありより》が、雄山大神の神勅を得て開山したと伝わる。平安時代には、『梁塵秘抄《りょうじんひしょう》』に「験仏《げんぶつ》の尊きは先《ま》ず東の立山」と、全国の霊場の冒頭に記された。峰本社は、富士山、白山とともに日本三霊山の1つとされる立山山頂に鎮座している。

前立社壇の表神門。社名は「立山の前に立つ社」という意味。

祈願殿（拝殿）。神仏習合時代は根本中宮の講堂で、明治維新後に祈願殿と改称した。

立山連峰の主峰・雄山（標高3003m）の岩頭に鎮座。開山期間は7月1日～9月30日。

神 伊邪那岐神、天手力雄神

岩峅前立社壇《いわくらまえだてしゃだん》

- 富山県中新川郡立山町岩峅寺1
- 076-483-1148
- 富山地方鉄道岩峅寺駅より徒歩約10分

芦峅中宮祈願殿《あしくらちゅうぐうきがんでん》

- 富山県中新川郡立山町芦峅寺2
- 076-482-1545
- 富山地方鉄道千垣駅よりバス約5分「雄山神社前」下車すぐ

立山頂上峰本社《たてやまちょうじょうみねほんしゃ》

- 富山県中新川郡立山町芦峅寺立山峰1
- 館山ケーブルカー美女平駅よりバス約50分「室堂ターミナル」下車、登山道徒歩約2時間

一間社流造の本殿と入母屋造入の拝殿を連結させた複合社殿。昭和59年（1984）に国の重要文化財に指定された。

奥の院。手前から八幡社、大瀧神社本殿、岡太神社本殿。中世には、大徳山一帯は48の堂宇を有する神仏習合の霊場として栄えた。また、この地を領した朝倉氏はこの山に大瀧城を築き篤く帰依したが、織田信長の一揆征伐の際に城は落城し社域も灰燼《かいじん》に帰したという。

北陸

岡太神社《おかもとじんじゃ》・大瀧神社《おおたきじんじゃ》

類を見ない美しさで知られる里宮の本殿

大瀧神社は第33代推古《すいこ》天皇の御代（592〜628）の創祀と伝わる古社で、大徳山《だいとくやま》山頂にある上宮（奥の院本宮）と山のふもとに建つ下宮（里宮）からなる。天保14年（1843）に改築された里宮の本殿は、細かく施された彫刻や複雑な形状の屋根が特徴で、国の重要文化財に指定されている。岡太神社には紙祖神（紙の神様）である川《かわ》上御前《かみごぜん》が祀られている。

⛩

神　岡太大神（川上御前）［岡太神社］、国常立尊、伊弉那諾尊、伊弉那美尊［大瀧神社］

所在地　福井県越前市大滝町14-1［岡太神社］、同13-1［大瀧神社］

電話　0778-42-1151

交通　ハピラインふくい武生駅よりバス約25分「和紙の里」下車、徒歩約10分

平泉寺白山神社《へいせんじはくさんじんじゃ》

提供：（公社）福井県観光連盟

美しい苔で覆われた白山信仰の霊場

養老元年（717）、泰澄《たいちょう》大《だい》師《し》の手によって創建されたと伝わる平泉寺は、白山信仰の拠点の1つとして栄えた。平安時代後期には比叡山《ひえいざん》延暦寺《えんりゃくじ》の末寺として発展し、室町時代の最盛期には、寺領に48社、36堂、6000の坊院が建ち並んでいた。しかし、天正2年（1574）に越前の一向一揆勢に攻められ全山が焼失。その後、天正11年（1583）に顕海僧正《けんかいそうじょう》が豊臣秀《とよとみひで》吉《よし》の許しを得て再興し、江戸時代には再び広く崇敬を受けるようになった。明治時代になると神仏分離令によって寺号を廃止し、白山神社となって今に至る。

美しい苔で覆われていることから「苔宮」「苔寺」とも呼ばれる。境内にある旧玄成院《げんじょういん》庭園は北陸で一番古い庭園とされ、国の名勝に指定されている。

白山を崇める
悠久の霊場

精進坂と一の鳥居。本社へと続く緩やかな石段の参道。かつては、この坂より上には魚の持ち込みが禁止されていた。

本社。白山の主峰である御前峰《ごぜんがみね》の神・伊弉諾尊を祀る。寛政7年（1795）に第12代福井藩主・松平重富《まつだいらしげとみ》により再建された。

旧境内に鎮まる若宮八幡神社と大杉。天正2年（1574）の一向一揆の焼き討ちを生きのびたと伝わる大杉で、樹齢は450年と推定されている。

拝殿。中には十数面の絵馬が収められており、そのほとんどが市の文化財に指定されている。

- 神 白山大神（伊奘册尊）
- 福井県勝山市平泉寺町平泉寺56-63
- 0779-88-1591
- えちぜん鉄道勝山駅よりバス約13分「平泉寺白山神社前」下車すぐ

北陸

若狭彦神社《わかさひこじんじゃ》・若狭姫神社《わかさひめじんじゃ》

山幸彦《やまさちひこ》とその妃神を祀る若狭国一宮

彦火火出見尊《ひこほほでみのみこと》を祀る若狭彦神社（上社、若狭国一宮）は和銅7年（714）、その妃神である豊玉姫命《とよたまひめのみこと》を祀る若狭姫神社（下社、若狭国二宮）は養老5年（721）の創建と伝わる。両社は、境内に本殿、神門、随神門が一直線に配置されている点が共通している。カゴノキ、ムクノキなどの広葉樹林からなる若狭姫神社の社叢は、県の天然記念物に指定されている。

⛩

- 神 若狭彦神（彦火火出見尊）［若狭彦神社］、若狭姫神（豊玉姫命）［若狭姫神社］
- 福井県小浜市竜前28-7［若狭彦神社］、福井県小浜市遠敷65-41［若狭姫神社］
- 0770-56-1116［若狭姫神社社務所］
- JR東小浜駅より徒歩約10分［若狭姫神社］、同徒歩約25分［若狭彦神社］

若狭彦神社の社殿。境内には二本の幹が根元でぴったりと密着している「夫婦杉」があり、祈れば夫婦円満のご利益があるとされる。

提供：（公社）福井県観光連盟

若狭姫神社の社殿。写真にある樹高40mの大杉は「遠敷の千年杉」として名高い。また、境内社の日枝神社では、相殿の神として夢を叶える神とされる夢彦神・夢姫神が全国で唯一祀られている。

提供：（公社）福井県観光連盟

提供：（公社）びわ湖高島観光協会

国道161号を挟んで境内正面に建つ大鳥居。昭和12年（1937）、伝説や絵画として残るのみだった湖中大鳥居の存在を知った薬問屋の小西久兵衛《こにしきゅうべえ》が寄進した。現鳥居は昭和56年（1981）に建て替えたもの。

提供：（公社）びわ湖高島観光協会

湖中大鳥居越しに境内を望む。現在の社殿は豊臣秀吉の遺命により、子の秀頼《ひでより》が片桐《かたぎり》且元《かつもと》を奉行として造営したもの。白鬚神社の分霊社は全国に約300社ある。

関西

白鬚神社
しらひげじんじゃ

湖中大鳥居で知られる延命長寿の神様

垂仁天皇25年（紀元前5）に皇女・倭姫命が社殿を創建（再建とも）、白鳳3年（675）に天武《てんむ》天皇より「比良《ひら》明神」の号を賜ったと伝わる近江最古の神社。湖中に大鳥居があることから「近江の嚴島《いつくしま》」とも称される。

御祭神の猿田彦命は、社名のとおり延命長寿の神様として知られ、また、縁結び、交通安全などあらゆる人の営みごとの「道開きの神」として崇敬される。

⛩
神 猿田彦命
滋賀県高島市鵜川215
0740-36-1555
JR近江高島駅より徒歩約40分（タクシー約5分）

標高350mの赤神山に鎮座。登山口からは740段あまりの階段が連なる。正式名称は「阿賀神社」だが、太郎坊天狗が守る神社とされたことから「太郎坊宮」と称されるようになった。

本殿から東近江市の市街を望む。本殿の手前には神様が2つに割いたと伝わる巨大な夫婦岩があり、その隙間は80cmしかない。悪い心の持ち主が通ろうとすると岩に挟まれてしまうという。

関西

太郎坊宮《たろうぼうぐう》（阿賀神社《あがじんじゃ》）

天狗が守護する神宿る霊山

御祭神は天照大御神の第一皇子神・正《まさ》哉《か》吾《あ》勝《かつ》勝《かち》速《はや》日《ひ》天《あめの》忍《おし》穂《ほ》耳《みみの》大神《おおかみ》。その名のとおり、勝利と幸福を授ける神様として信仰されてきた。同社が鎮座する赤神山《あかがみやま》は古くから神宿る霊山として崇敬され、神道をもとに天台山岳仏教と修験道が相交わる独特の信仰形態が発展していった。「太郎坊」という名称は、かつて赤神山に住んでいた同社を守護する天狗の名と伝わる。

神 正哉吾勝勝速日天忍穂耳大神
滋賀県東近江市小脇町2247
0748-23-1341
近江鉄道太郎坊宮前駅より徒歩約20分、または近鉄八日市駅よりタクシー約10分

関西

都久夫須麻神社《つくぶすまじんじゃ》（竹生島神社《ちくぶしまじんじゃ》）

琵琶湖に浮かぶ水の神を祀る島

琵琶湖に浮かぶ竹生島は、古くから水の神が宿る島として信仰を集め、日本遺産「水と祈りの文化」にも認定されている。都久夫須麻神社の起源は不明だが、『日本総国風土記《にほんそうこくふどき》』には雄《ゆう》略《りゃく》天皇3年に浅井比売命《あさいひめのみこと》を祀る祠を建てたのがはじまりとある。また、神亀元年（724）には天照大御神の神託によって市杵島比売命が祀られ、平安期以降、弁財天信仰が隆盛した。

⛩
- 神 市杵島比売命（弁財天）、宇賀福神（白巳）、浅井比売命（産土神）、龍神
- 滋賀県長浜市早崎町1821
- 0749-72-2073
- 長浜港、今津港、彦根港より船にて25〜40分

湖上に浮かぶ竹生島を望む。周囲約2kmの島に都久夫須麻神社や、日本三代弁財天の1つ「大弁財天」を安置する宝厳寺がある。

竜神拝所。拝殿から願いを書いたかわらけ（素焼きの小皿）を投げ、鳥居をくぐれば願いごとが叶うという。

都久夫須麻神社の本殿。豊臣秀吉が寄進した伏見桃山城の勅使殿を移転したもので、国宝に指定されている。

本宮へと続く参道の84段の石段。両側に71期の春日燈籠が並ぶ。本宮では伊弉諾尊の御子神で、水の供給を司る高龗神を、その奥に鎮まる結社で木花開耶姫命の姉姫・磐長姫命を祀る。

創建の地に鎮まる奥宮。御祭神は本宮と同じ高龗神だが、一説には闇龗神《くらおかみのかみ》(高龗神《たかおかみのかみ》の別名)、玉依姫命も祀られているという。本殿の側には、玉依姫命が乗った黄船を人目に触れぬよう石で包み囲んだと伝わる船形石が祀られている。

関西

貴船神社《きふねじんじゃ》

御所の真北に鎮座する京都の水源を守る神

全国に約５００社を数える貴船神社の総本宮。社伝によると、太古に御祭神が貴船山中腹の鏡岩に降臨したことがはじまりという。また、別の伝説では、約１６００年前に初代神武天皇の皇母・玉依姫命《たまよりひめのみこと》が水源の地を探して船で現在の奥宮に至り、祠を建てたのが起源ともいう。鴨川の源流・貴船川沿いに鎮座することから、京都の水源を守る神としても崇敬されてきた。

神 高龗神、磐長姫命
京都府京都市左京区鞍馬貴船町180
075-741-2016
叡山電鉄貴船口駅よりバス約5分「貴船」下車、徒歩約5分

賀茂御祖神社《かもみおやじんじゃ》（下鴨神社《しもがもじんじゃ》）

太古の森に包まれた国家鎮護の社

下鴨神社は正式名称を賀茂御祖神社といい、京都を拓いた賀茂一族の祖神・賀茂建角身命《かもたけつぬみのみこと》とその御子神・玉依媛命《たまよりひめのみこと》を祀る。創建年代は不明だが、境内の糺《ただす》の森周辺からは古代の祭祀遺跡や土器、住居跡などが発掘されており、太古からの信仰を裏付けている。国宝の本殿2棟をはじめとした多くの文化財や太古からの埴生を残す「糺の森」などが、古代の趣を今に伝えている。

⛩
- 神 賀茂建角身命、玉依媛命
- 京都府京都市左京区下鴨泉川町59
- 075-781-0010
- 京阪電車出町柳駅より徒歩約12分

高さ30mの楼門（国指定重要文化財）。21年ごとの式年遷宮で造り替えられてきたが、寛永5年（1628）以降は修理をしながら保存されてきた。

広大な糺の森の中に鎮座する摂社・河合《かわい》神社。御祭神の玉依姫命は女性を守る美麗の神様とされることから、女性の参拝者が多い。11月下旬から12月上旬にかけて美しい紅葉が見られる。

関西

伏見稲荷大社《ふしみいなりたいしゃ》

都の歴史を眺めてきた神が鎮まる霊山

全国に約3万社あるといわれる稲荷神社の総本宮。伏見稲荷と聞くと、本社境内の「千本鳥居」を思い浮かべる人が多いだろう。しかし、同社の原点は境内背後にそびえる稲荷山である。

稲荷大神《いなりのおおかみ》が稲荷山に鎮座したのは、和銅4年（711）のことと伝わる。稲荷山は、京都盆地の東側になる山々の総称である「東山三十六峰」の最南端に位置する、3つの峰からなる霊峰。山中にはおびただしい数のお塚（個人が祀った社や祠などの石碑群）があり、参道には数千もの朱色の鳥居が建ち並ぶ。これらのお塚や神蹟を巡拝することを「お山する」という。

楼門（国指定重要文化財）。天正17年（1589）の建立で、豊臣秀吉が寄進したものと伝わる。

⛩

- 神 稲荷大神（宇迦之御魂大神、佐田彦大神、大宮能売大神、田中大神、四大神）
- 京都府京都市伏見区深草薮之内町68
- 075-641-7331
- JR稲荷駅下車すぐ、または京阪伏見稲荷駅より徒歩約5分

人々の信仰を集め続ける「お稲荷さん」の総本宮

稲荷山の「七神蹟」の1つである御膳谷《ごぜんだに》奉拝所。古くはこの地に神饗殿《みあえどの》と御《み》竈殿《かまどの》があり、神々に神供したところと伝わる。

稲荷山の中腹に鎮座する熊鷹社《くまたかしゃ》。ここぞという大勝負のときに参拝するとよいといわれている。

稲荷山の最高峰、標高233mの一ノ峰の頂上にある上社神蹟《かみのやしろしんせき》。末広大神《すえひろおおかみ》（大宮《おおみや》能売大神《のめのおおかみ》）を祀る神蹟で、親塚を囲むように無数のお塚や社が並ぶ。

通称は「千本鳥居」だが、実際には境内全域に約1万基の鳥居がある。鳥居の奉納がはじまったのは江戸時代以降だという。

提供：提供：（一財）奈良県ビジターズビューロー

紅葉に染まる談山神社境内。境内には重要文化財が数多く点在している。同社のシンボルともいえる十三重塔は享禄5年（1532）の再建で、木造十三重塔としては現存世界唯一の貴重な建造物。

提供：提供：（一財）奈良県ビジターズビューロー

嘉永3年（1850）造替の三間社隅木入春日造の本殿（国指定重要文化財）。その華麗な造りから日光東照宮の手本になったといわれている。

関西

談山神社《たんざんじんじゃ》

四季折々の美しさが堪能できる奈良の名社

中大兄皇子《なかのおおえのおうじ》とともに大化改新を行った藤原鎌足《ふじわらのかまたり》公を祀る。鎌足の長男・定慧《じょうえ》和尚が父の遺骨の一部を摂津国《せっつのくに》からこの地に改葬し、十三重塔と講堂を建立して妙楽寺《みょうらくじ》と称したのが起源。かつては神仏習合の霊場だったが、明治時代の神仏分離令により神社だけが残った。紅葉の名所として有名だが、春の桜や夏の新緑、冬の雪化粧も美しく、「関西の日光」とも称される。

神 藤原鎌足公
奈良県桜井市多武峰319
0744-49-0001
JR・近鉄桜井駅よりバス約25分「談山神社」下車、徒歩約3分

関西

丹生都比賣神社《にうつひめじんじゃ》

高野山を守護する紀伊国一宮

今から1700年以上前の創建と伝わる、高野山中腹に鎮座する古社。弘法大師空海は、同社の御祭神である丹生都比賣大神から高野山を授かり、開山したと伝わる。そのため同社は高野山の守護神とされ、高野山参詣の際は、はじめに同社を参拝するのがしきたりとされていた。

平成16年（2004）、同社は「高野参詣道」とともに世界遺産に登録された。

⛩

- 神：丹生都比賣大神、高野御子大神、大食都比賣大神、市杵島比賣大神
- 和歌山県伊都郡かつらぎ町上天野230
- 0736-26-0102
- JR笠田駅よりバス約30分「丹生都比売神社前」下車すぐ

輪橋と鏡池。人魚の肉を食べ不老不死になった八百比丘尼《やおびくに》が、この池の小島に宝鏡を納めたという伝承がある。

提供：（公社）和歌山県観光連盟

応永６年（1499）の造営の楼門。門の奥には四柱のご祭神をそれぞれに祀る四棟の本殿が並ぶ（いずれも国指定重要文化財）。本殿の第一殿に祀られる丹生都比賣大神は天照大神の妹神で稚日女尊とも称される。

提供：（公社）和歌山県観光連盟

関西

熊野三山《くまのさんざん》

熊野古道の途中にある見晴台から、かつての熊野本宮大社の鎮座地、大斎原を望む。

提供：熊野本宮観光協会

古代から続く信仰を今に残す世界遺産

熊野本宮大社、熊野速玉大社、熊野那智大社の三社を「熊野三山」という。全国の熊野神社の総本宮である熊野三山は、紀伊山地の南東部にそれぞれ20～40㎞の距離を隔てて位置し、「熊野古道」によって互いに結ばれている。平成16年（２００４）、熊野三山と吉野・大峰、高野山の三つの山岳霊場とそこに至る参詣道が「紀伊山地の霊場と参詣道」として世界遺産に登録された。

熊野本宮大社の創始は第10代崇神天皇の御代と伝わる。かつて同社は大斎原《おおゆのはら》と呼ばれる中州に鎮座していたが、明治時代の洪水により社殿の多くが流失したため、境内で祀られていた12社のうち流失を免れた上4社を現在の地に遷座、中4社・下4社を大斎原の石祠に合祀した。

人々を救う日本第一大霊験所

提供：（公社）和歌山県観光連盟

大斎原に建つ高さ約34m、幅約42mの日本一の大鳥居。熊野本宮大社の旧社地である大斎原は、桜の名所としても知られる。

提供：（公社）和歌山県観光連盟

三山を結ぶ熊野古道（熊野参詣道）中辺路の大門坂。那智勝浦町にある古道で、樹齢約800年という夫婦杉をはじめとする杉の巨木が並ぶ。この坂の先に熊野那智大社がある。

熊野本宮大社の社殿。明治22年（1889）の洪水で流失を免れた4社を遷座したもの。杉木立に囲まれた158段の石段の上に鎮まる。

提供：（公社）和歌山県観光連盟

熊野本宮大社

- 神　家津美御子大神（素盞鳴尊）
- 和歌山県田辺市本宮町本宮1110
- 0735-42-0009
- JR新宮駅よりバス約60分「本宮大社前」下車すぐ

熊野の神々が降臨した熊野信仰の原点の地

神代《かみよ》のころ、熊野の神々が最初に降臨したのが、熊野速玉大社の摂社・神倉《かみくら》神社の御神体であるゴトビキ岩だと伝わる。その後、景行天皇58年（128）に現在の社地に新しい宮を造営して遷座したことから、「新宮」と号したという。

同社は熊野速玉大神《くまのはやたまのおおかみ》と熊野《くまの》夫須美大神《ふすみのおおかみ》の夫婦神を主祭神とし、十八柱の神々を祀る。

境内には、平重盛《たいらのしげもり》のお手植えと伝わる樹齢約1000年のナギの巨木や、檜扇など1000点を超える国指定文化財を所蔵する熊野神宝館などがある。

熊野速玉大社

神 熊野速玉大神、熊野夫須美大神
和歌山県新宮市新宮1
0735-22-2533
JR新宮駅より徒歩約15分

摂社・神倉神社の「御燈祭《おとうまつり》」。燃えさかる松明《たいまつ》を手にした男たちが石段を駆け下りる勇壮な祭りとして知られる。
提供：（公社）和歌山県観光連盟

提供：（公社）和歌山県観光連盟
現在の社殿は、明治16年(1883)の焼失後に再建されたもの。平安時代初期に現在の十二社殿の形態が整い、新宮十二社大権現として崇敬された。

新宮市市街地の西、権現山《ごんげんやま》（神倉山）に鎮座する摂社・神倉神社。熊野の神が降臨したと伝わる巨岩「ゴトビキ岩」を御神体とする。
提供：（公社）和歌山県観光連盟

落差133mの名瀑・那智の滝と青岸渡寺の三重塔。熊野那智大社の主祭神・熊野夫須美大神は「結宮《むすびのみや》」と称され、人の縁や諸々の願いを結ぶ神様として信仰されている。

提供：（公社）和歌山県観光連盟

摂社・飛瀧《ひろう》神社。那智の滝を御神体とすることから本殿はなく、直接、那智の滝を拝礼する。

提供：（公社）和歌山県観光連盟

提供：（公社）和歌山県観光連盟

礼殿と国指定天然記念物の大楠。大楠の根元には空洞があり、無病息災を願って「胎内くぐり」をすることができる。

滝を御神体として神武天皇が創祀

神日本磐余彦命《かんやまといわれびこのみこと》（神武天皇）が東征の途次、那智の滝を大己貴神が現れた御神体として祀ったのが起源と伝わる。その後、仁徳《にんとく》天皇5年（317）に現社地に社殿を造営し、熊野の神々と滝の神様を遷し祀ったという。

同社では、主祭神の熊野夫須美大神（伊弉冉尊）をはじめ、十三柱の神々を祀る。また、社殿の隣には西国三十三ヵ所の一番札所・那智山青岸渡寺《せいがんとじ》の本堂が並び建つ。境内には、神日本磐余彦命を導いた八咫烏《やたがらす》が石になったと伝わる「烏石」や樹齢約850年の大楠などがある。

熊野那智大社

神 熊野夫須美大神（伊弉冉尊）
和歌山県東牟婁郡那智勝浦町那智山1
0735-55-0321
JR紀伊勝浦駅よりバス約30分「那智山」下車すぐ

関西

玉《たま》置《き》神《じん》社《じゃ》

修験の霊場として栄えた熊野三山の奥の院

標高1076mの玉置山山頂近くに鎮座。紀伊山地の霊場と参詣道の構成資産として世界遺産に登録されている。

初代神武天皇は東征の途上にこの地で「十種神宝《とくさのかんだから》」を鎮め、武運を祈ったという。その後、第10代崇神天皇が王城火防鎮護と悪魔退散のため、早玉神《はやたまのかみ》を奉祀したのが同社の起源と伝わる。修験道の開祖である役小角《えんのおづぬ》や高野山を開いた弘法大師空海もこの地で修行したと伝わり、やがて熊野三山の奥の院とされ、霊場として栄えた。

境内には樹齢3000年といわれる神代杉《じんだいすぎ》をはじめ、天然記念物に指定されている杉の巨木が林立し、「杉の巨樹群」として県の天然記念物に指定されている。また、「社務所及び台所」は国の重要文化財である。

提供：矢野建彦／一般財団法人 奈良県ビジターズビューロー

樹齢3000年といわれる神代杉（県指定天然記念物）。幹回り約8.3m、樹高約28m。

末社・玉石社。社殿がなく御神体の玉石を直接礼拝する古代の信仰様式を残している。

本殿。内部には三基の宮殿《くうでん》（本殿形の小建築）が安置されており、五柱の神々を祀る。

主に春や秋、気象条件が揃った日には夜明けから早朝にかけて玉置神社の駐車場から雲海を見ることができる。

⛩

神 国常立尊、伊弉諾尊、伊弉冉尊、天照大御神、神日本磐余彦尊

奈良県吉野郡十津川村玉置川1

0746-64-0500

JR新宮駅よりバス約120分（またはJR五條駅よりバス約180分）「十津川温泉」下車、タクシー約20分

中国

吉備津神社《きびつじんじゃ》

吉備国《きびのくに》を平定した英雄を祀る国宝本殿

第10代崇神天皇の御代に各地方の討伐のために派遣された4人の将軍の一人、大吉備津彦命《おおきびつひこのみこと》を祀る。御祭神は桃太郎のモデルといわれており、外国から襲来した温羅《うら》を退治したとの伝説が残る。応永32年（１４２５）再建の本殿と拝殿は全国唯一の吉備津造（比翼入母屋造）という建築様式で、国宝に指定されている。本殿から一直線に続く廻廊は全長３６０ｍにおよぶ。

神 大吉備津彦命
岡山県岡山市北区吉備津931
086-287-4111
JR吉備津駅より徒歩約10分

本殿および拝殿。足利義満《あしかがよしみつ》の命により再建されたもので、屋根は前後二つの入母屋造を連結した比翼入母屋造と呼ばれる特異な外観をしており、本殿前には妻入りの拝殿が接続している。

提供：（公社）岡山県観光連盟

天正７年（1579）再建の廻廊（県指定重要文化財）。全長360mにおよび、廻廊沿いには、4月にはボタン、5月にはサツキ、6月にはアジサイが咲き誇る。

提供：（公社）岡山県観光連盟

中国

大神山神社《おおがみやまじんじゃ》

提供：鳥取県

奥宮の社殿（国指定重要文化財）。国内最大の権現造で、正面左右の長廊は両翼約50mある。文化2年（1805）の再建。幣殿（拝殿の本殿の中間にある神に供物を捧げる社殿）内部の白檀塗《びゃくだんぬり》（銀箔の上に漆を塗りその化学変化により金色を出す技法）の柱も国内最大規模。

提供：鳥取県

奥宮へと続く、自然石を敷き詰めた約700mの参道。日本一長い参道といわれている。

日本一長い参道を持つ神体山に鎮まる奥宮

古来信仰を集めていた大山（大神山）において、頂上を拝める遙拝所を設けたのが起源とされる。平安時代になると仏教の影響のもと本格的な社殿が建てられるようになったが、江戸時代まで神殿はなく山自体を拝した。神仏習合時代にはふもとの社を冬宮、中腹の社を夏宮と称したが、明治の神仏分離令の際に冬宮を大神山神社、夏宮を大神山神社奥宮と改称した。

⛩

- 神 大己貴神（大穴牟遅神）
- 鳥取県米子市尾高1025［本社］、鳥取県西伯郡大山町大山［奥宮］
- 0859-27-2345［本社］、0859-52-2507［奥宮］
- JR米子駅よりバス約30分「尾高」下車、徒歩約10分［本社］、JR米子駅よりバス約60分「大山寺」下車、徒歩約20分［奥宮］

神話の国

出《い》雲《ずも》めぐり

提供：（公社）島根県観光連盟

出雲大社の本殿（国宝）。現在の本殿は延享元年（1744）に造営されたもので高さは約24mだが、社伝によれば、太古には現在の4倍の約96m、平安時代のころには約48mあったという。平成12年（2000）に、本殿の南側で鎌倉時代初期の造営と推定される3本一組の巨大な柱根が発掘され、巨大神殿の実在を裏付ける発見として注目された。

神話の舞台にして全国の神様が集う聖地

出雲地方には多くの神話にまつわる場所や風習、伝承が残っている。天照大御神の弟神で、八岐大蛇《やまたのおろち》伝説で知られる素戔《すさの》嗚尊《おのみこと》や、国づくりの神様として崇敬され、因幡の白兎や国譲り神話などで知られる大国主命の物語も、その舞台は出雲である。

そしてその中心地ともいえる聖地が、大国主命が天照大御神に国を譲ったのち、目に見えない世界を司るために鎮まったという天日隅宮《あめのひすみのみや》（出雲大社）である。

なお、旧暦の10月は「神無《かんな》月《づき》」と呼ばれるが、それは全国の神様が出雲大社に集まって「神議《かむはか》り」と呼ばれる縁結びの会議が開かれるためと言われている。そのため、出雲では旧暦10月を「神在月《かみありづき》」という。

出雲は、今も日本中の神々が集まる聖地なのである。

出雲大社の「松の参道」。「日本の名松100選」に選ばれている見事な松並木が続く。

提供：（公社）島根県観光連盟

出雲大社《いづもおおやしろ》

- 神 大国主大神
- 島根県出雲市大社町杵築東195
- 0853-53-3100
- 一畑電車出雲大社前駅より徒歩約10分、またはJR出雲市駅よりバス約25分「正門前」下車、徒歩約1分

神話の舞台・稲佐《いなさ》の浜と出雲大社の境外社

稲佐の浜は出雲大社の西方にある海岸で、国引き神話や国譲り神話の舞台となった場所。浜のほぼ中央にある弁天島には、かつて弁財天が祀られていたが、明治時代以降は海を司る神様で神武天皇の曽祖父である豊《とよ》玉《たま》毘《ひ》古命《このみこと》が祀られている。また、〝神在月〟に出雲に集った神々は、この浜で出迎えられたのち、出雲大社まで向かうという。

なお、出雲大社には境内の外に祀られている摂末社も多い。せっかく出雲を訪れたのなら、周辺の境外に祀られた大国主命ゆかりの神々もお参りしよう。

提供：（公社）島根県観光連盟

出雲大社の西方約1kmの場所にある稲佐の浜。ここから出雲大社へと向かう道を「神迎の道」という。

稲佐の浜（弁天島）

神 豊玉毘古命
島根県出雲市大社町杵築北2844-73
一畑電鉄出雲大社前駅より徒歩約15分

境外摂社・神魂伊能知奴志神社（命主社）。兄神たちから迫害を受け生死の境にあった大国主命を蘇生させた神様を祀る。巨岩の前に鎮座しており、社殿前のムクノキは樹齢1000年といわれる。

神魂《かみむすび》伊《い》能《の》知《ち》奴《ぬ》志《し》神社《のかみのやしろ》（命主社《いのちぬしのやしろ》）

神 神産巣日大神
島根県出雲市大社町杵築東185
0853-53-3100（出雲大社社務所）
出雲大社境内より徒歩約5分

出雲めぐり

日御碕神社《ひのみさきじんじゃ》

日御碕神社の境内。社殿は寛永12年（1635）に造営を開始し、同20年（1643）に竣工、同21年に遷宮が行われた。

提供：（公社）島根県観光連盟

2柱の神様を祀る日本の夜を守る聖地

島根半島の最西端に鎮まる、上の宮「神の宮」と下の宮「日《ひ》沈《しずみの》宮《みや》」の2社からなる神社。古くより「日本の昼を守る」伊勢神宮に対して、「日本の夜を守る」夕日の聖地として崇敬されてきた。

社伝によると、安寧《あんねい》天皇13年に隠《かくれ》ヶ丘《おか》に祀られていた素盞嗚尊を現社地へ遷座し、天暦《てんりやく》年間（947～957）に経島《ふみしま》に祀られていた天照大御神を現在地に遷座したという。

戦国時代には出雲大社と肩を並べるほど隆盛し、出雲国全体の鎮守神として朝廷や幕府、大名たちの崇敬を集めた。

現在の社殿は、日光東照宮完成直後に徳川家光《いえみつ》の命により築かれた桃山時代風の建築で、境内の社殿は国の重要文化財に指定されている。

夜を司る夕日の聖地

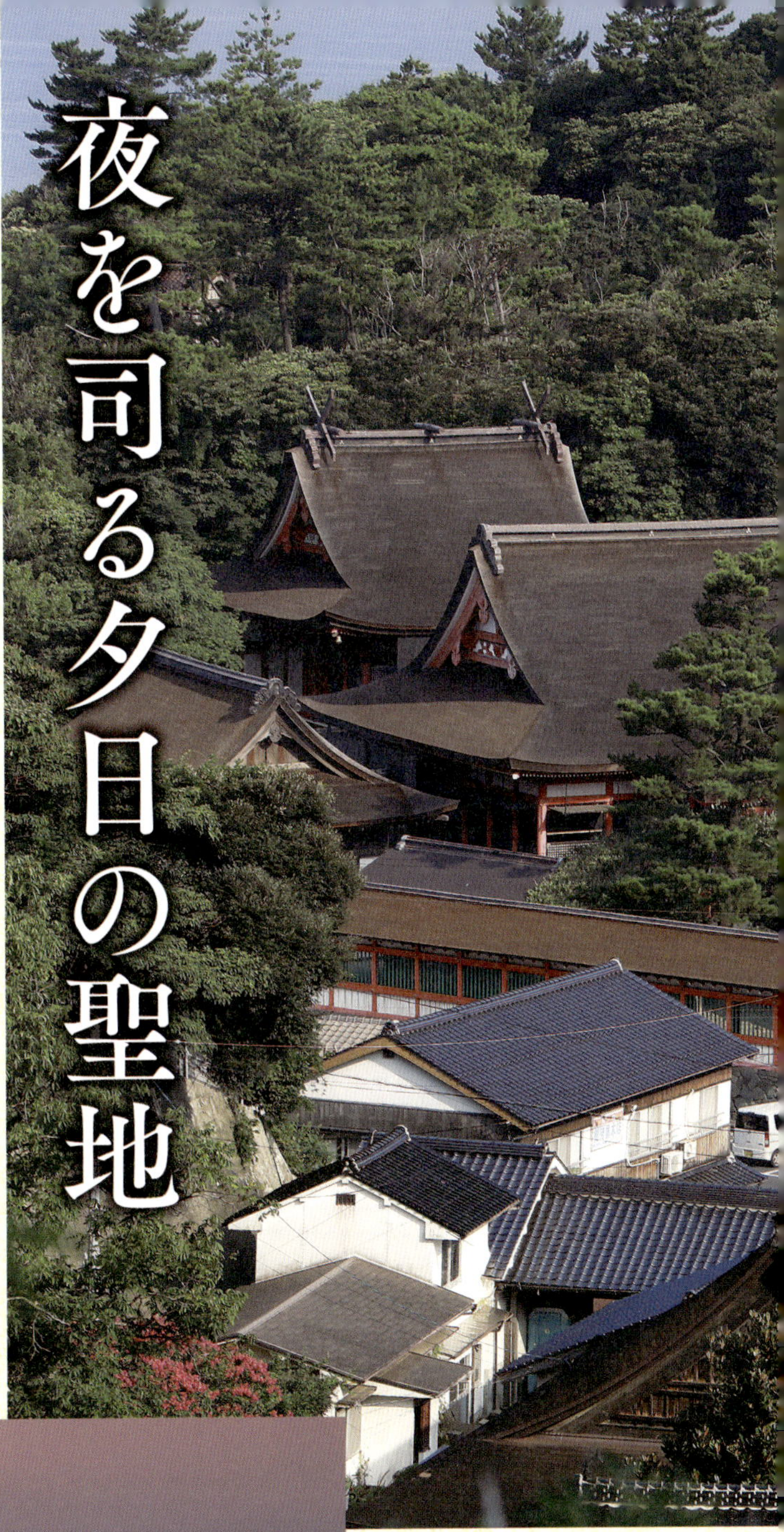

提供：（公社）島根県観光連盟

楼門（左手前）と神の宮（右奥）。境内の社殿群は14棟の建造物と2基の鳥居からなり、昭和28年（1953）に国の重要文化財に指定された。

提供：（公社）島根県観光連盟

日御碕神社の境内後方の丘にある隠ヶ丘。神の宮の旧社地で、素盞嗚尊が自身を祀る場所を決めるため柏の葉を放ったところ、この地に落ちたとの伝説がある。

⛩

- 神 天照大御神、素盞嗚尊
- 島根県出雲市大社町日御碕455
- 0853-54-5261
- JR出雲市駅よりバス約60分「日御碕神社」下車すぐ

提供：（公社）島根県観光連盟

経島。日沈宮の旧社地で、神域として神職以外の一般の立ち入りは禁止されている。ウミネコの繁殖地として国の天然記念物に指定されており、夕日の絶景地としても有名。

出雲めぐり

秘境神社参拝

自然崇拝と神話を今に伝える聖なる地

神道の起源は自然崇拝にある。そして神々の国・出雲には、古代の人々が畏れ敬った自然の神威を伝える聖地が今もなお数多く点在する。

出雲市に鎮座する韓竈神社の本社は、神秘的な空気に満ちた神社として知られる。御祭神の素戔嗚尊が、新羅《しらぎ》から植林法やタタラ製法（砂鉄や鉄鉱石を溶かして純度の高い鉄を生産する製鉄法）などをこの地に伝えたことから「韓竈」と名づけられたともいわれている。

一方、古代の信仰を今に伝えるのが雲南《うんなん》市に鎮座する須我神社。同社では本社と奥宮との二宮詣での習わしがあり、本社東方の八雲山《やくもやま》の中腹にある「夫婦岩」と呼ばれる磐座（神が宿るとされる岩）を奥宮としている。

また、出雲大社に代表される出雲地方の社殿建築「大社造《たいしゃづくり》」の古い形式を伝えるのが、松江市に鎮座する神魂神社である。天正11年（１５８３）に再建された同社の本殿は出雲国に分布する大社造の中でも最古の遺構として知られ、昭和27年（１９５２）に、国宝に指定された。

同じ松江市には、日本神話において伊弉諾尊が死んだ妻・伊弉冉尊を慕って訪れた黄泉国の入口と伝わる「黄泉比良坂《よもつひらさか》」があり、坂の近くには伊弉冉尊を祀る揖屋《いや》神社が鎮座する。

提供：（公社）島根県観光連盟

約300段ある自然石の石段の先に鎮まる韓竈神社本殿。手前にある幅45cmほどの岩の間を通らないとたどり着けない。ふもとの集落にある拝殿からも参拝できる。

韓竈神社《からかまじんじゃ》

- 素戔嗚尊
- 島根県出雲市唐川町字後野408
- 0853-66-0006
- 一畑電車雲州平田駅よりタクシー約25分

須我神社の奥宮へと続く参道（右）と奥宮である磐座（下）。3つの巨岩が寄り添うように並ぶことから、縁結びや夫婦円満、子授けなどのご神徳で信仰を集めている。須我神社は素戔嗚尊が建てた日本初の宮と伝わることから「日本初之宮」とも称される。

提供：（公社）島根県観光連盟

提供：（公社）島根県観光連盟

須《す》我《が》神社《じんじゃ》（奥宮）

- 神 須佐之男命、稲田比賣命、狭漏彦八島野命
- 島根県雲南市大東町須賀
- 0854-43-2906
- JR出雲大東駅よりバス約20分「須我」下車、徒歩約30分

提供：（公社）島根県観光連盟

神魂神社の本殿。同社は出雲国造《いずものくにのみやつこ》の大祖といわれる天《あめの》穂《ほ》日命《ひのみこと》が創建し、その子孫が25代まで奉祀したと伝わる。

神魂《かもす》神社《じんじゃ》

- 神 伊弉冊大神
- 島根県松江市大庭町563
- 0852-21-6379
- JR松江駅よりバス約30分「かんべの里」下車、徒歩約3分

黄泉《よもつ》比《ひ》良《ら》坂《さか》

- 島根県松江市東出雲町揖屋
- 0852-55-5840（松江市出雲支所地域振興課）
- JR揖屋駅より徒歩約20分

黄泉比良坂。坂の途中には、伊弉諾尊が黄泉の国への入口を塞いだとされる千引《ちびき》の岩がある。

提供：（公社）島根県観光連盟

宮ヶ島と衣毘須神社。慶応3年の遷座の際、金刀比羅《ことひら》神社を合祀した。宮ヶ島は、日本画の巨匠・東山魁夷《ひがしやまかいい》が宮内庁の依頼を受けて描いた皇居新宮殿の壁画「朝明けの潮」のモデルとなった場所としても知られる。

提供：（公社）島根県観光連盟

中国

衣毘須神社《えびすじんじゃ》

提供：（公社）島根県観光連盟

二ノ鳥居越しに小浜町の海岸沿いの街並を望む。潮が満ちてくると陸と隔絶されて戻れなくなってしまうので参拝時には注意が必要。ネットで益田市の「潮見表」を確認しておくと安心だ。

満潮時に砂浜の参道が海に消える岩礁の社

小浜《こはま》海岸の岩礁・宮ヶ島に鎮座。宝永6年（1709）、漁業の神様として「えびす様の総本宮」である美保《みほ》神社（島根県松江市）から分霊を勧請（※）し海龍山に祠を建てたのが起源と伝わり、慶応3年（1867）に現在地に遷座したという。

海が時化たときには宮ヶ島は孤島となり参拝できなくなってしまうことから、「山陰《さんいん》のモンサンミッシェル」とも称される。

⛩

神 事代主之命

島根県益田市小浜町630

0856-22-7120（益田市観光協会）

JR戸田小浜駅より徒歩約15分

※勧請…神仏の分霊を他の地に遷して祀ること。

中国

元乃隅神社《もとのすみじんじゃ》

絶景の海岸に建ち並ぶ 123本の朱色の鳥居

昭和30年（1955）、地元の津黄《つおう》漁港の網元・岡村斉《おかむらひとし》氏の枕元に現れた白狐のお告げにより建立された。境内には、昭和62年（1987）から10年の歳月をかけて奉納された123基の鳥居がおよそ100mにわたって建ち並ぶ。約6mの大鳥居の上部に設置された「日本一入れづらい賽銭箱」に賽銭を投げ入れることができれば、願いごとが叶うという。

神 宇迦之御魂神
山口県長門市油谷津黄498
0837-26-0708（長門市観光案内所YUKUTE）
JR長門古市駅・人丸駅よりタクシー約20分

大鳥居の上部に設置された「日本一入れづらい賽銭箱」。もとは別の場所に高さ5mの大鳥居が設置されていたが、平成28年（2016）に高さ6mの大鳥居が設置され、さらに入れづらくなった。

海岸に建ち並ぶ朱色の鳥居。「神社」と名乗るが宗教法人ではなく、創健した岡村氏の個人所有物である。かつては元乃隅稲成神社と称していた。

石鎚神社《いしづちじんじゃ》

石鎚山の弥山《みせん》山頂（標高1974m）に鎮まる奥宮頂上社と最高峰の天狗岳《てんぐだけ》（標高1982m）。弥山山頂には山小屋があり、開山期間中は宿泊や食事もできる。

石鎚山のふもとに鎮座する口之宮本社（右）。境内の神水のそばには石鎚山を開山した役小角の像（下）がある。

提供：（一社）愛媛県観光物産協会

口之宮本社《くちのみやじょうじゅ》

- 神　石鎚毘古命（石鎚大神）
- 愛媛県西条市西田甲797
- 0897-55-4044
- JR西条駅よりタクシー約10分

修験道場として栄えた関西第一の高峰

関西第一の高峰にして日本七霊山の1つに数えられる石鎚山は、今から1300年以上前に役行者《えんのぎょうじゃ》（役小角）によって開山された。その後、寂仙《じょうせん》（※）が石鎚蔵王権現と称えて深く信仰し、山路を開いて常住社《じょうじゅうしゃ》（今の中宮成就社）を創立したと伝わる。以降、神仏習合の修験道場として栄え、弘法大師空海をはじめとする数多くの高僧たちがこの地で修行し、朝廷や武将たちにも篤く崇敬されてきた。

同社は、石鎚山のふもとの本社、中腹の成就社、土小屋遥拝殿、山頂の頂上社からなり、この4社を総称して「石鎚神社」という。その御神徳は幅広く、古くより諸願成就の神様として知られるが、とくに家内安全、厄除開運、当病平癒の神様として篤く信仰されてきた。

※寂仙……寂仙菩薩。天皇より菩薩の号を賜った奈良時代の高僧。

提供：（一社）愛媛県観光物産協会

石鎚山の７合目、標高1450mの地に鎮座する成就社。石鎚山への登拝の重要な拠点となっている。

中宮成就社《ちゅうぐうじょうじゅしゃ》

- 愛媛県西条市小松町石鎚422
- 0897-59-0106
- JR伊予西条駅よりバス約55分「ロープウェイ前」下車、徒歩約20分

提供：（一社）愛媛県観光物産協会

標高1500mの地に鎮座。成就社とともに石鎚山登拝の重要拠点となっている。

土小屋遥拝殿《つちごやようはいでん》

- 愛媛県上浮穴郡久万高原町 石鎚スカイライン終点土小屋
- 0897-53-0008　※冬期は閉鎖
- JR松山駅よりバス約70分「久万中学校前」乗換（久万中学校前から伊予鉄南予バス久万営業所まで徒歩約1分）、バス90分「土小屋」下車、徒歩約1分（※バスは土日祝のみ運行）

提供：（一社）愛媛県観光物産協会

石鎚山・弥山（標高1974m）に鎮座する奥宮頂上社。3つの御神徳を表す3体のご神像が祀られている。

奥宮頂上社《おくみやちょうじょうしゃ》

- 愛媛県西条市上浮穴郡久万高原町若山
- 0897-55-4044［口之宮本社］
- 中宮成就社より徒歩約210分、または土小屋遥拝殿より徒歩約150分

提供：（一社）愛媛県観光物産協会

鮮やかに咲き誇るアケボノツツジと春の石鎚山。花は4月下旬から5月上旬にかけてが見ごろ。

提供：（一社）愛媛県観光物産協会

弥山頂上の磐座には、平成28年（2016）に新設された石の祠が祀られている。

四国

高屋神社《たかやじんじゃ》（本宮《ほんぐう》）

瀬戸内海を見下ろす天空の鳥居

標高４０４ｍの稲積山《いなづみやま》山頂に鎮座する古社で、地元では「稲積神社」「稲積さん」とも呼ばれる。もともと稲積山の頂上に祀られていたのを中世に山の中腹に遷し、さらに近世に山麓に遷座したが、里人がその祟りを畏れ、天保２年（１８３１）に山頂の旧地に再び本殿を造営した。「天空の鳥居」と称される本宮の鳥居付近からは、観音寺市街と瀬戸内海が見渡せる。

神 瓊瓊杵命、此花咲夜比女命、保食神
香川県観音寺市高屋町2800
0875-24-2150（観音寺市観光協会）
高屋神社下宮より徒歩約50分

「天空の鳥居」まで一直線に延びる270段の石段。途中には「ゆるぎの岩」と呼ばれる大岩があり、合格祈願のパワースポットとなっている。

本宮の鳥居。ふもとの里宮（下宮）から本宮までは徒歩50分ほどで、途中には中宮がある。平日は山頂へ別ルートから車でアクセスできるが、土日祝日は有料シャトルバスのみの通行となる。

提供：（公社）香川県観光協会

提供：(一社) 小豆島観光協会

重岩。大岩の下に小さな祠が祀られている。山の中腹に駐車場があり、そこから20分ほど歩いて参拝することもできる。

参道の途中にある小さな寺院「重岩不動」の屋根越しに瀬戸内海を望む。お堂の中には不動明王像が祀られている。小瀬石鎚神社は、この寺院の名を取って「重岩不動石鎚神社」とも称される。

中国

小瀬石鎚神社《こせいしづちじんじゃ》（重岩《かさねいわ》）

謎に包まれた小豆島《しょうどしま》に鎮まる大岩

小豆島には大坂城築城時の石切丁場跡が数多く残るが、中でもひときわ存在感を放つのが、小豆島西端の小瀬《こせ》地区に鎮座する小瀬石鎚神社の御神体「重《かさね》岩《いわ》」である。この重岩が人為的に作られたものか、自然にできたものなのかはいまだにわかっていないという。重岩から見渡せる瀬戸内海の景色はまさに絶景で、小豆島のパワースポットとしても人気が高い。

⛩
- 神 石鎚毘古命（石鎚大神）
- 香川県小豆郡土庄町小瀬
- 0879-62-7004（土庄町商工観光課）
- 土庄港より徒歩約30分

九州

櫻井神社・櫻井大神宮《さくらいじんじゃ・さくらいだいじんぐう》

櫻井神社の宇良宮として祀られる桜井二見ヶ浦の夫婦岩。夏至のころには、夫婦岩の間に夕日が沈む光景が見られる。三重県伊勢市の二見浦が「朝日の二見浦」と呼ばれるのに対し、桜井二見ヶ浦は「夕日の二見ヶ浦」と呼ばれている。

本殿と拝殿。古墳の上に覆屋を架けた岩戸宮があり、その前方に本殿、拝殿、楼門が並ぶ独特の社殿構成を持つ。創建当時の社頭の景観をほぼそのまま残す希少な神社遺構として、国の重要文化財に指定されている。

鳥居と夫婦岩越しに夕日を拝する

玄界灘《げんかいなだ》に突き出た糸島《いとしま》半島に鎮座。慶長15年（1610）、境内の岩戸《いわと》神窟《しんくつ》に御祭神が顕現し、その神威に感謝した福岡藩2代藩主・黒田忠之公が、寛永9年（1632）に創建した。櫻井大神宮は、同じく黒田忠之《くろだただゆき》公が伊勢の内宮・外宮の御祭神の分霊を祀ったことにはじまる。

桜井二見ヶ浦の夫婦岩は同社の宇良宮《うらのみや》の御神体とされ、伊邪《いざ》那岐命《なぎのみこと》と伊《い》邪《ざ》那《な》美命《みのみこと》を祀る。

⛩

神 神直日神、大直日神、八十枉津日神［櫻井神社］

福岡県糸島市志摩桜井4227

092-322-2098（糸島市観光協会）、092-327-0317（櫻井神社）

九州旅客鉄道九大学研都市駅よりバス約40分「二見ヶ浦（夫婦岩前）」下車すぐ

九州

雷神社《いかずちじんじゃ》

雷山の中腹に鎮まる雷神を祀る社

標高９５５ｍの雷山の中腹に鎮座。創建については不明だが、第11代垂仁天皇の御代との説もある。社伝によると、第６代孝安天皇より垂仁天皇の御代にかけて異国からの襲来が何度もあり、同社の御祭神が賊を降伏させたという。

境内には樹齢９００年を超える大イチョウと樹齢１０００年を超える２本の観音杉があり、秋には鮮やかな紅葉が楽しめる。

⛩

神 水火雷電神（瓊瓊杵尊）、高祖大神（彦火火出見尊）、香椎大神（息長足姫尊）、住吉三神、八幡神

福岡県糸島市雷山148

092-322-3505

JR筑前前原駅よりバス約35分「雷山観音」下車、徒歩約17分

雷山中腹を流れる「清賀《せいが》の滝」。神仏習合時代の神宮寺・雷山千如寺《らいざんせんにょじ》を開基した清賀上人に由来する名称と考えられている。雷山の7合目には上宮（曽増岐《そそぎ》神社）があり、かつて山のふもとにあった下宮（笠折《かさおり》神社）は現在、中宮（雷神社）に合祀されている。

雷山の中腹に鎮まる雷神社。社殿へと続く石垣のたもとには、高さ約37m、幹周り約7mの大イチョウ（県指定天然記念物）がそびえる。黄葉の見ごろは11月中旬ごろ。

提供：（公社）福岡県観光連盟

提供：（公社）福岡県観光連盟

国道52号線沿いから社殿まで続く約300段の階段沿いに、約100基の朱色の鳥居が建ち並ぶ。体力に自信がない人は、絶景スポットの近くまで車で行くこともできる。

参道の階段を登りきった境内に建つ拝殿。商売繁盛、五穀豊穣、酒造と健康、長命長寿、学業成就など幅広い御神徳があるという。境内は桜の名所としても知られる。

九州

浮羽稲荷神社《うきはいなりじんじゃ》

山腹に朱色の鳥居が建ち並ぶ絶景の社

昭和33年（1957）、新設された城《じょう》ヶ鼻《はな》公園内に、京都の伏見稲荷大社より稲荷大神を勧請したのが起源。同じく京都の松尾大社《まつのおたいしゃ》の大山咋神《おおやまくいのかみ》、福岡の太《だ》宰府天満宮《ざいふてんまんぐう》の菅原道真《すがわらのみちざね》公の三神を併せ祀る。山腹に約100基の鳥居が並ぶ絶景で知られ、耳納《みのう》山脈の東端に位置する境内からはふもとの浮羽《うきは》市街はもとより、晴れた日には甘木《あまき》方面まで見渡すことができる。

⛩

- 神 稲魂大神、大山咋神、菅原道真公
- 福岡県うきは市浮羽町流川1513-9
- 0943-76-3980（観光会館 土蔵）
- JRうきは駅より徒歩約20分

九州

和多都美神社《わたづみじんじゃ》

潮の干潮により景観が変わる海中鳥居

浅茅《あそう》湾に面した対馬《つしま》市豊玉《とよたま》町《ちょう》の入江に鎮座。「海幸彦・山幸彦」の神話で知られる山幸彦こと彦火火出見尊とその妃神・豊玉姫を祀る。社伝によると、神代の昔に豊玉彦命《とよたまひこのみこと》（大綿津《おおわたつ》見神《みのかみ》）が同地に宮殿を造り、その宮殿を「海宮《わたづみのみや》」と名づけ、同地を「夫姫《おとひめ》」と呼ぶようになったという。境内の正面には2本の海中鳥居が建ち、潮の干潮によりその景観を変える。

⛩
- 神 彦火火出見尊、豊玉姫命
- 長崎県対馬市豊玉町仁位字和宮55
- 0920-58-1488
- 対馬空港よりタクシー約30分、または厳原港からタクシー約45分

社殿。境内には照葉樹や落葉樹など多くの種類の木々が息づく原生林があり、県の天然記念物に指定されている。

社殿の前には5つの鳥居が建ち、そのうち2本は海中にそびえている。干潮時には海中の一の鳥居まで歩いていくことができる。

神話のふるさと 宮崎《みやざき》めぐり

提供：（公財）宮崎県観光協会

高千穂峡《たかちほきょう》。真名井《まない》の滝は、天孫降臨の際に天村雲命《あめのむらくものみこと》が高天原よりこの地に移した水種が天真名井として湧き出し、流れ落ちているといわれている。

日向《ひむか》三代の伝承が残る宮崎の聖地をめぐる

瓊瓊杵尊の天孫降臨から、その御子の彦火火出見尊《ひこほほでみのみこと》、孫の鵜《う》葺草葺不合尊《がやふきあえずのみこと》の三代にわたる「日向神話」の舞台は、現在の宮崎を中心とした日向国である。そして瓊瓊杵尊から4代目にあたる神日本磐余彦尊（初代神武天皇）も、日向国から東征に旅立ち、大和《やまと》を平定したと伝わる。いわば「日本」という国の揺籃の地であった宮崎には、雄大な自然の中に神代の物語を伝える数多くの聖地が残されている。

提供：(一社) 高千穂観光協会

瓊瓊杵尊が降臨した地と伝わるくしふるの峰にある槵觸《くしふる》神社（宮崎県高千穂町三田井）。

約1900年前の垂仁天皇の御代に創建されたと伝わる、高千穂八十八社の総社。高千穂皇神《たかちほすめがみ》（日向三代と配偶神）と十社大明神《じゅっしゃだいみょうじん》（三毛入野命《みけぬのみこと》と配偶神、その御子神の10柱）を祀る。神武天皇の兄・三毛入野命が東征の途次、高千穂に帰り日向三代を祀ったのが起源と伝わる。

提供：(公財) 宮崎県観光協会

高千穂神社《たかちほじんじゃ》

- 神 高千穂皇神（瓊瓊杵尊、木花開耶姫命、彦火火出見尊、豊玉姫命、鵜鷀草葺不合尊、玉依姫命、十社大明神［三毛入野命、鵜目姫命ほか］）
- 宮崎県西臼杵郡高千穂町大字三田井1037
- 0982-72-2413
- JR延岡駅よりバス約80分「高千穂バスセンター」下車、徒歩約15分

提供：(公財) 宮崎県観光協会

天岩戸神社の西本宮。天照大御神が隠れたとされる天岩戸を御神体として祀る。

提供：(公財) 宮崎県観光協会

天岩戸神社の東本宮。天岩戸から出た天照大御神が最初に住んだと伝わる場所を祀る。

提供：(公財) 宮崎県観光協会

天安河原《あまのやすかわら》。天岩戸神社より500mほど川上にある洞窟。天照大御神が天岩戸に隠れた際、八百万の神がこの河原に集まり神議した場所と伝わる。

天岩戸神社《あまのいわとじんじゃ》

- 神 大日孁尊（天照皇大神）
- 宮崎県西臼杵郡高千穂町岩戸1073-1
- 0982-74-8239
- JR延岡駅よりバス約80分「高千穂バスセンター」乗換、バス約20分「天岩戸神社」下車すぐ

出雲めぐり

鵜戸神宮《うどじんぐう》

提供：（公財）宮崎県観光協会

洞窟内に本殿が鎮まる南九州を代表する名社

日向灘《ひゅうがなだ》に面した国定公園日南《にちなん》海岸に鎮座する、南九州を代表する神社。主祭神は初代神武天皇の父・鸕鷀草葺不合尊で、本殿は御祭神の産殿《さんでん》跡と伝わる洞窟内に建てられている。

創建は第10代崇神天皇の御代と伝わり、延暦元年（782）に天台僧の光喜坊快久《こうきぼうかいきゅう》が勅命により当山初代別当となり、神殿を再興し「鵜戸《うど》山大権現《さんだいごんげん》吾平山《におうご》仁王《こくじ》護国寺」の勅号を賜った。やがて明治時代の神仏分離令により鵜戸神社となり、のちに官《かん》幣大社《ぺいたいしゃ》・鵜戸神宮に昇格した。

境内の眼前には雄大な日向灘が広がり、奇岩が立ち並ぶ。同宮は「運玉《うんだま》投げ」の神事でも知られ、本殿前の広場から男性は左手、女性は右手で運玉を投げ、約12m先にある「亀石《かめいし》」のくぼみに玉が入れば願いが叶うという。

今に神話を伝える神秘の洞窟

本殿（県指定有形文化財）。洞窟内には主祭神の母神・豊玉姫命が御子の育児のために両乳房を貼り付けたと伝わる「お乳岩」がある。

雄大な日向灘の断崖にある境内からは、水平線から徐々に朝日が昇っていく美しい光景を眺めることができる。

提供：（公財）宮崎県観光協会

提供：（公財）宮崎県観光協会

洞窟下の磯には、豊玉姫命が出産のために乗ってきたと言われる霊石「亀石」（写真中央付近）がある。この石のくぼみに運玉が入ると願いが叶うという。

提供：（公財）宮崎県観光協会

波切神社《なみきりじんじゃ》。鵜戸神宮の北方、徒歩15分ほどの海が間近に迫る洞窟内に鎮座。航海安全や大漁満足の御神徳で知られる。社殿の左脇には不動明王が祀られており、「波切不動尊」とも称される。

⛩

- 神　日子波瀲武鸕鷀草葺不合尊
- 宮崎県日南市大字宮浦3232番地
- 0987-29-1001
- JR油津駅よりバス約20分「鵜戸神宮」下車、徒歩約10分

提供：（公財）宮崎県観光協会

鳥居と「鬼の洗濯板」。周囲1.5kmの青島全島が境内地となっており、島の周囲には国の天然記念物に指定されている奇岩の景色が広がる。

宮崎めぐり

青島神社《あおしまじんじゃ》

提供：（公財）宮崎県観光協会

元宮。この元宮跡からは、弥生式土器や獣骨等が出土しており、古くから祭祀が行われていたと推定されている。青島は島全体が熱帯・亜熱帯植物の群生地として国の特別天然記念物に指定されている。

南国の木々に覆われた島全体を神域とする古社

彦火火出見命（山幸彦）が、后神の豊玉姫命とともに海積《わだつみの》宮《みや》から帰還したのちに営んだ宮居の跡と伝わる。三柱の御祭神のうち塩筒大神《しおづつのおおかみ》は、山幸彦を海積宮へと導いた神で、塩土老《しおつちのお》翁《じ》、塩椎神《しおつちのかみ》などとも称される。

創建年代は不明だが、青島はすでに弥生時代から神聖な島として崇められ祭祀が行われていたといい、島全体が境内ともいわれる青島の中央に社がある。

⛩

神 彦火々出見命（山幸彦）、豊玉姫命、塩筒大神

宮崎県宮崎市青島2-13-1

0985-65-1262

JR青島駅より徒歩約10分

宮崎めぐり

御崎神社《みさきじんじゃ》

提供：（公財）宮崎県観光協会

岬の突端の断崖の上に鎮まる海の神

都《と》井《い》岬《みさき》の突端に鎮座する、和銅元年（708）年の創建と伝わる古社。海の神である綿津見神を祀り、古くから航海安全の神様として漁や海運に携わる人々から篤く崇敬されてきた。明治6年（1873）に都井神社に合祀されたが、参拝者が絶えなかったため明治13年（1880）に旧社殿へ還座した。

本殿は断崖の上にあり立ち入ることができないため、参拝者はふもとの遥拝所から拝む。境内の周辺には、国の特別天然記念物に指定されているソテツの自生林が広がっている。

写真右上の白い柵に囲まれた赤い社殿が本殿。神仏習合時代には「御崎三所大権現」と称された。

⛩

- 神 綿津見神（上津綿津見神、中津綿津見神、底津綿津見神）
- 宮崎県串間市大納
- 0987-72-0479（串間市観光物産協会）
- JR串間駅よりバス約40分「都井岬」下車、徒歩約20分

東霧島神社《つまきりしまじんじゃ》

鬼の伝承が伝わる霧島六所権現の一社

霧島山を囲むように鎮座する霧島六所権現（※）の一社で、第5代孝昭《こうしょう》天皇の御代の創建と伝わる。その後、霧島山の噴火などにより社殿を焼失したが、応和3年（963）に京都の天台僧・性空《しょうくう》上人により再興され、江戸時代には東霧島大権現宮と称された。参道の石段「鬼磐《おにいわ》階段（振り向かずの坂）」は、鬼が一夜にして積み上げたとの伝説が残るパワースポット。

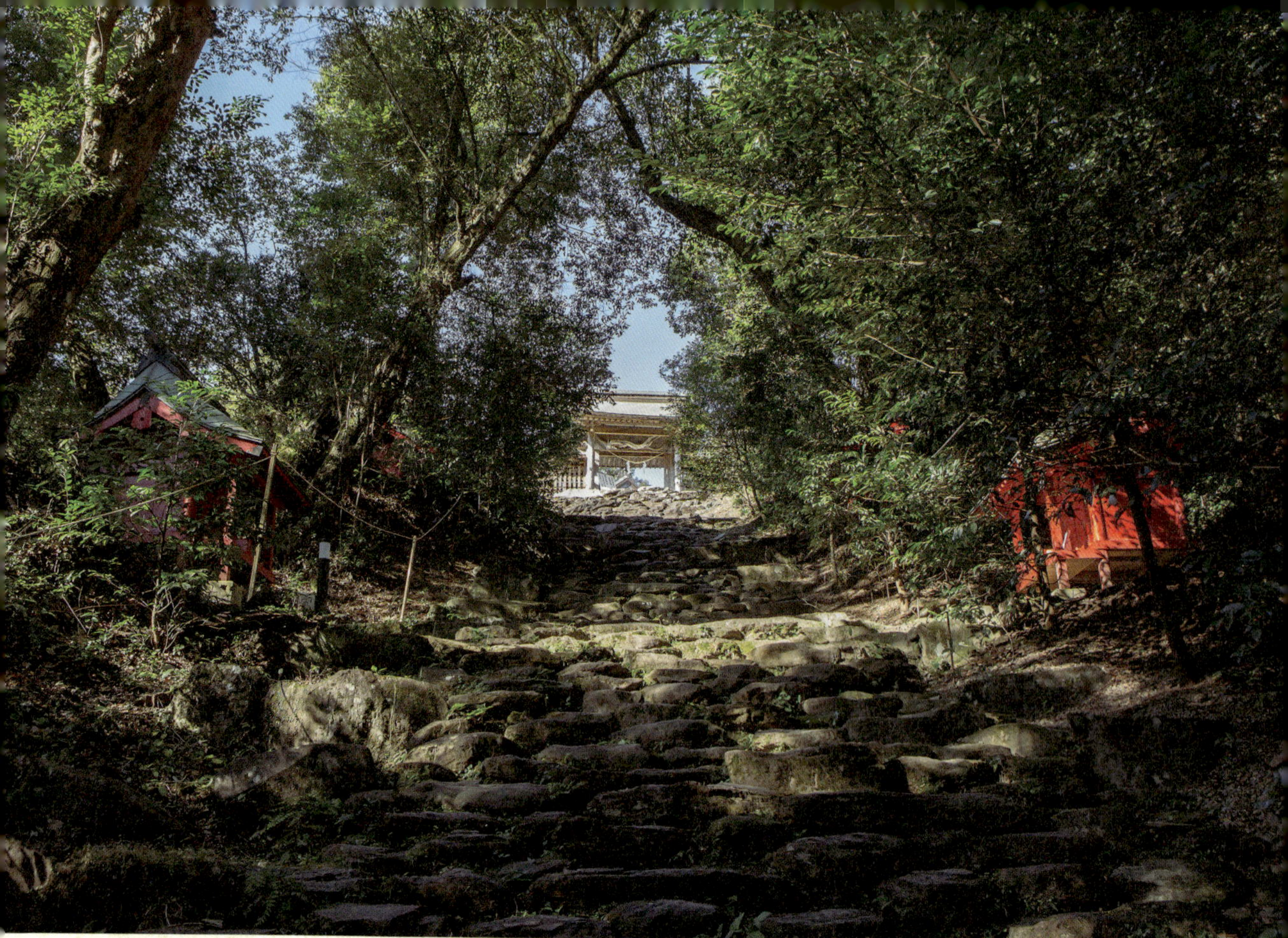

提供：（公財）宮崎県観光協会

鬼が一夜にして999個の石を積み上げて造ったと伝わる「鬼磐階段」。170段ほどあり、この石段を振り向かずに願いごとをとなえながら登ると願いが叶うとされることから「振り向かずの坂」とも呼ばれる。

提供：（公財）宮崎県観光協会

御祭神の伊邪那岐命が后神・伊邪那美命の死を悲しみ、その涙が凝り固まった石を「十握《とつか》の剣」で三段に切った石と伝わる。「十握の剣」は同社の神宝とされる。

⛩

- 神 伊弉諾尊、天照大御神、瓊瓊杵尊、天忍穂耳尊、彦火火出見尊、鵜葺草葺不合尊、神日本磐余彦尊
- 宮崎県都城市高崎町東霧島1560
- 0986-62-1713
- JR東高崎駅より徒歩約10分

※霧島六所権現…霧島神宮（霧島市）、霧島東神社（高原町）、狭野神社（高原町）、東霧島神社、霧島岑神社（小林市）の５社の総称。もう１社の夷守神社は明治６年（1873）に霧島岑神社に合祀された。

九州

浮島熊野坐神社《うきしまくまのますじんじゃ》（浮島神社《うきしまじんじゃ》）

泉に浮かぶ熊野大神の社

長保3年（1001）に、この地の領主だった井王三郎直久が創建したと伝わる。直久は常々熊野大神を尊崇し、邸内に祠を建立して領民の生活安定を願っていた。すると夢枕に熊野権現が立ち「屋敷の北山を崩せ」と告げたため、山麓を掘ったところ清泉が2カ所より湧出。直久と領民は歓喜して社殿をこの地に遷し、直久自らが初代神主となったという。

神 いざなぎの尊、いざなみの尊
熊本県上益城郡嘉島町井寺2828
熊本市電健軍電停よりタクシー約10分

参道越しに社殿を望む。浮島神社の北方には、井王三郎直久を祀る井王三郎神社が鎮座する。

カモの飛来地として知られる浮島周辺水辺公園に鎮座。浮島の水は環境省選定の「全国名水100選」に選ばれている。

海中鳥居。干潮時に鳥居の下までわたり、エイの形に似た紙の絵馬を収めると願いが叶うという。

九州

永尾剱神社《えいのおつるぎじんじゃ》

不知火《しらぬい》の海に鎮まる海の神を祀る古社

和銅6年（713）、第43代元明天皇の勅願により創建されたという。また、創建以前に御祭神の海童神《わだつみのかみ》が巨大なエイに乗って宇土《うと》半島を横切ろうとしたところ、この地に乗り上げてそのまま鎮座したとも伝わる。境内はそのエイの尾にあたることから「永尾」と名づけられ、また、エイの尾が剣に似ていることから「剱」の字を加え、社名としたという。境内からは八《やつ》代海《しろかい》を見渡すことができ、旧暦8月1日の「八朔《はっさく》祭り」の日には、不知火の観望と重なり多くの参拝者が訪れる。

⛩
- 神　海童神
- 熊本県宇城市不知火町永尾658
- 080-4690-6725
- JR松橋駅よりタクシー約10分

倉岳神社《くらたけじんじゃ》

天草の最高峰で天空に浮かぶ鳥居

天草諸島の最高峰である標高約682mの倉岳山頂に鎮座。山頂からは八代海や有明海が一望できる。

創建年代は不明だが、現在ある3つの祠は1800年代の初期から中期にかけて再建されたもの。御祭神も不明で、地元では海童神と伝わるが、『熊本県神社誌』には猿田彦神とある。漁業安全の神様として、古くから地元の人々に崇敬されてきた。

- 神 不明（海童神または猿田彦神との説あり）
- 熊本県天草市倉岳町棚底4081-5（倉岳山頂展望台）
- 0969-64-3111（天草市役所倉岳支所）
- 天草空港からタクシー約60分

山頂の祠。3つの祠は、それぞれ文化2年（1805）、天保7年（1836）、弘化3年（1846）の建立。晴れた日には山頂から雲仙や阿蘇、霧島まで遠望できる。

山頂に建つ鳥居。まるで空に浮いているような姿はSNSなどで「天空の鳥居」として話題になった。倉岳の北側中腹には磨崖碑《まがいひ》（市指定有形文化財）で有名な小《こ》ヶ《が》倉《くら》観音がある。

提供：（社）熊本県観光連盟

錦江湾に浮かぶ参道の鳥居と天神島。大潮の満潮時には参道が海中に没するため、徒歩で渡ることはできなくなる。

参道の石段。上に行くほど傾斜がきつくなり、頂上付近にはロープが設置されている。学問の神様として信仰される菅原道真公を祀ることから、合格祈願に訪れる参拝者も多い。

九州

菅原神社《すがわらじんじゃ》（荒平天神《あらひらてんじん》）

天神さまを祀る錦《きん》江《こう》湾《わん》の景勝地

錦江湾に突き出た小高い岩場・天神島に鎮座する、「天神さま」こと菅原道真公を祀る神社。正式名称は菅原神社だが、地元では「荒平天神」と称される。

創建年代は不明だが、一説には天文年間（１５３２～１５５５）の創建と伝わる。古くより近郷の崇敬が篤く、毎月25日の縁日には参拝者でにぎわう。神社とその風景は「鹿屋八景」に選ばれている。

神 菅原道真公
鹿児島県鹿屋市天神町4014
0994-31-1121（鹿屋市ふるさとPR課）
垂水港からタクシー約20分

第二部

「金運・商売繁盛」を招く神様めぐり

『国芳国貞錦絵』(国立国会図書館蔵)より「八百萬神どふけあそび」。年に一度、出雲大社に集った八百万の神々がにぎやかに道化遊びをする様子を描いている。

金運・財運アップのご利益を授かる！

金運を招く神様詣で

全国に祀られている金運・財運の神様

ご存じのとおり、神道では西洋などの一神教とは異なり、「八百万《やおよろず》の神」（実際の数が８００万というわけではなく、たくさんという意味）がいるとされています。それだけ数多くの神様がいれば当然のこと、それぞれに性格や御神徳《ごしんとく》（ご利益）も異なります。一方で、神社では基本的に〝八百万の神〟すべてではなく、その地域の歴史や暮らし、信仰などにもとづいた特定の神様を祀っています。

つまり、神様にお願いしたいことがある場合は、どの神社をお参りしても同じというわけではなく、その「お願いごと」を叶えてくれる御神徳のある神様を参拝したほうが、その後のご利益も期待できるということです。

たとえば金運アップや商売繁盛などを願うのであれば、当然ながら、そうした御神徳で知られる神様を祀る神社を参拝したほうがいいでしょう。

そこで、ここからは金運や財運のアップを招くとされる主な神様と神社を紹介します。神社の公式ＨＰには、それぞれの神社でお祀りする神様（御祭神《ごさいじん》）についても記載されているので、そうした情報を調べてからお参りするといいでしょう。

『大日本歴史錦繪』（国立国会図書館蔵）より「出雲國大社八百万神達縁結給圖」。大己貴神（大国主神）と天照皇太神（天照大御神）を中心に、全国から集まった神々が縁結びの協議（神議り）をする様子を描いている。

金山彦神《かなやまひこのかみ》

金運をもたらす鉱山や金属の神

伊弉冉尊《いざなみのみこと》（伊弉諾尊《いざなぎのみこと》とともに日本の国土を生み出したとされる神）が火の神である迦具土神《かぐつちのかみ》を生み、陰部を焼かれて病み臥した際に嘔吐物から生まれたとされる。金山毘古神《かなやまびこのかみ》とも表記し、対偶をなす金山姫（毘売）神とともに鉱山や金属などの神とされることから、製鉄や鍛冶のほか、金運上昇の御神徳でも知られる。

金山彦神を祀る主な神社

- 南宮大社《なんぐうたいしゃ》（岐阜県垂井町）
- 金華山黄金山神社《きんかさんこがねやまじんじゃ》（宮城県石巻市）
- 金峯神社《きんぷじんじゃ》（奈良県吉野町）
- 敢国神社《あえくにじんじゃ》（三重県伊賀市）
- 金屋子神社《かなやごじんじゃ》（島根県安来市）
- 川口神社《かわぐちじんじゃ》（埼玉県川口市）
- 中山神社《なかやまじんじゃ》（岡山県津山市）

市杵島姫命《いちきしまひめのみこと》（弁財天《べんざいてん》）

弁財天と習合した宗像三女神の1柱

天照大御神《あまてらすおおみかみ》と素戔嗚尊《すさのおのみこと》（須佐之男命）が誓約《うけい》（神に誓うことで吉凶や成否を占うこと）から生まれた宗像三女神《むなかたさんじょしん》の1柱。市寸島比売命《めのみこと》とも表記し、別名を狭依毘《さよりび》売命《めのみこと》という。もとはインドの神様である「弁財天」と習合したことから水（海）の神とされ、金運や財産、商売繁盛などの神様としても信仰されるようになった。

市杵島姫命を祀る主な神社

- 宗像大社《むなかたたいしゃ》（福岡県宗像市）
- 厳　島神社《いつくしまじんじゃ》（広島県廿日市市）
- 江島神社《えのしまじんじゃ》（神奈川県藤沢市）
- 都久夫須麻神社《つくぶすまじんじゃ》（滋賀県長浜市）
- 松尾大社《まつのをたいしゃ》（京都府京都市）
- 隠津島神社《おきつしまじんじゃ》（福岡県二本松市）
- 阿智神社《あちじんじゃ》（岡山県倉敷市）

事代主神《ことしろぬしのかみ》（恵比寿《えびす》）

「恵比寿さま」と習合した福徳の神

大国主神《おおくにぬしのかみ》と神屋楯比売命《かむやたてひめのみこと》の御子《みこ》。国譲り神話において、父に国土の献上をすすめた。八重事代主神《やえことしろぬしのかみ》などとも表記する。もとはインドの神様である「恵比寿神」と習合したことから、商売繁盛や金運アップの神様としても信仰される。なお、恵比寿神は少彦名神《すくなひこなのかみ》や彦火火出見尊《ひこほほでみのみこと》、蛭《ひる》子命《このみこと》などと同一視されることもある。

事代主神を祀る主な神社

- 美保神社《みほじんじゃ》（島根県美保市）
- 長田神社《ながたじんじゃ》（兵庫県神戸市）
- 今宮戎神社《いまみやえびすじんじゃ》（大阪府大阪市）
- 久伊豆神社《ひさいずじんじゃ》（埼玉県越谷市）
- 大湊神社《おおみなとじんじゃ》（福井県坂井市）
- 大前恵比寿神社《おおさきえびすじんじゃ》（栃木県真岡市）
- 事代主神社《ことしろぬしじんじゃ》（徳島県阿波市）

※絵図はすべて『神佛図會』（国立国会図書館蔵）より。

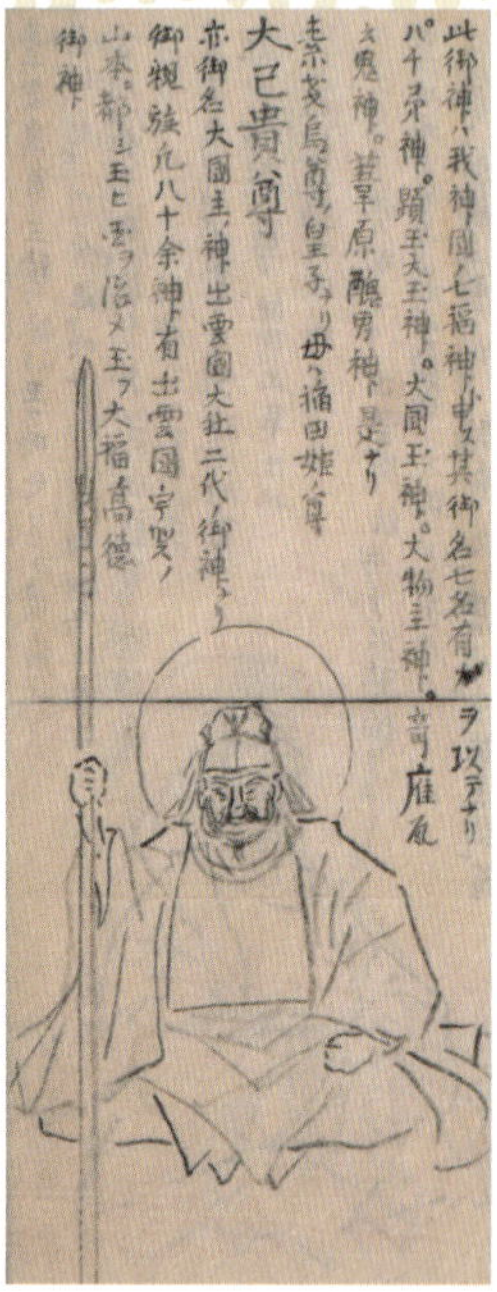

大国主神《おおくにぬしのかみ》（大黒天《だいこくてん》）

国づくりをした出雲大社の御祭神

国づくりをした神様。須佐之男命の6世の孫とされ、大己貴神《おおなむちのかみ》（大穴牟遅神《おおあなむじのかみ》）、葦原色許男神《あしはらしこおのかみ》、八千矛神《やちほこのかみ》、出雲大神《いずものおおかみ》など多くの別名を持つ。縁結びや医薬の神様として信仰される一方で、インドの神である「大黒天」と習合したことから、金運や開運、五穀豊穣、商売繁盛などの神様としても信仰されている。

大国主神
を祀る主な神社

出雲大社《いづもおおやしろ》（島根県出雲市）
日光二荒山神社《にっこうふたらさんじんじゃ》（栃木県日光市）
大洗磯前神社《おおあらいいそさきじんじゃ》（茨城県大洗町）
大國魂神社《おおくにたまじんじゃ》（東京都府中市）
高瀬神社《たかせじんじゃ》（富山県南砺市）
神田明神《かんだみょうじん》（東京都千代田区）
小國神社《おくにじんじゃ》（静岡県森町）

倉稲魂命《うかのみたまのみこと》（稲荷神《いなりのかみ》）

五穀の生育を司る豊穣の神様

全国にあるお稲荷さん（稲荷神社）で祀られる神様。宇迦之御魂命《うかのみたまのかみ》、稲倉魂命《うかのみたまのみこと》などとも表記する。食物の神であることから五穀豊穣や商売繁盛の御神徳で知られ、金運や財運、開運出世の神様としても信仰される。財をもたらす福神で、弁財天とも同一視される宇賀神《うがじん》も、もとは宇迦之御魂神に由来するとされる。

倉稲魂神
を祀る主な神社

伏見稲荷大社《ふしみいなりたいしゃ》（京都府京都市）
笠間稲荷神社《かさまいなりじんじゃ》（茨城県笠間市）
祐徳稲荷神社《ゆうといなりじんじゃ》（佐賀県鹿島市）
志和稲荷神社《しわいなりじんじゃ》（岩手県紫波町）
竹駒神社《たけこまじんじゃ》（宮城県岩沼市）
太皷谷稲荷神社《たいこだにいなりじんじゃ》（島根県鹿和野町）
瓢箪山稲荷神社《ひょうたんやまいなりじんじゃ》（大阪府東大阪市）

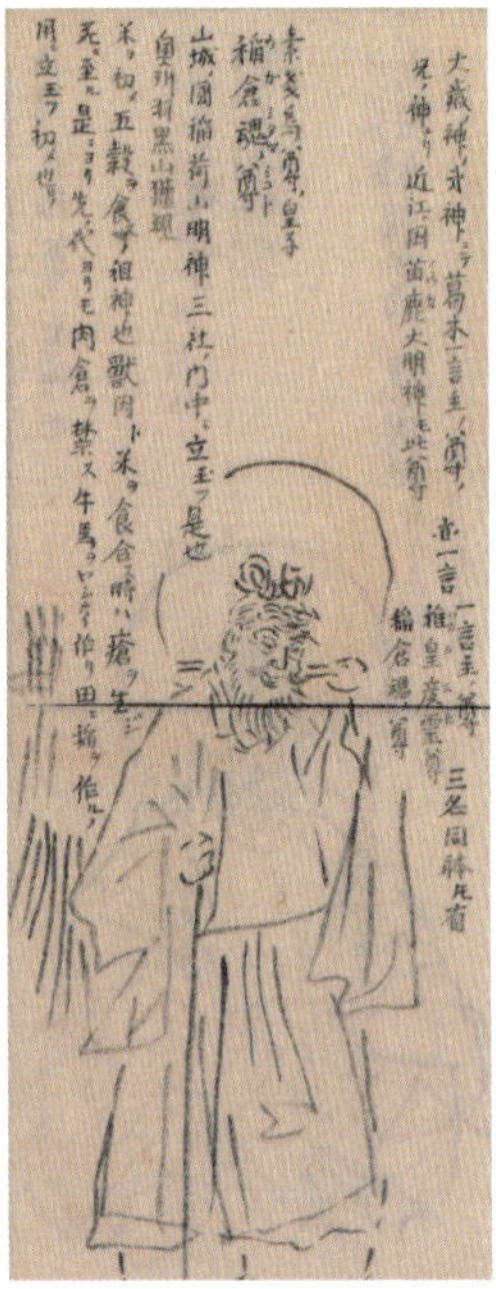

大山祇神《おおやまつみのかみ》

人々に恵みをもたらす山の神

伊邪那岐命《いざなぎのみこと》と伊邪那美命《いざなみのみこと》の神生みによって、風の神、木の神、野の神とともに生まれた山の神で、同じく山の神である磐長姫命《いわながひめのみこと》や木花咲耶姫命《このはなさくやひめのみこと》の父神。大山津見神、大山積神などとも表記される。山は多くの恵みをもたらすため恵みの神とされたことから、金運や商売の神様としても信仰されるようになった。

大山祇神
を祀る主な神社

大山祇神社《おおやまづみじんじゃ》（愛媛県今治市）
三嶋大社《みしまたいしゃ》（静岡県三島市）
大山阿夫利神社《おおやまあふりじんじゃ》（神奈川県伊勢原市）
梅宮大社《うめのみやたいしゃ》（京都府京都市）
湯殿山神社《ゆどのさんじんじゃ》（山形県鶴岡市）
瀬戸神社《せとじんじゃ》（神奈川県横浜市）
大山祇神社《おおやまづみじんじゃ》（福島県西会津町）

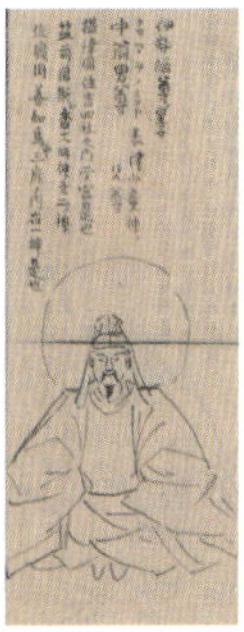

住吉大神《すみよしおおかみ》

幅広い御神徳がある3柱の神

伊邪那岐命の禊祓の際に海中より生まれた底筒男命《そこつつのおのみこと》、中筒男命《なかつつのおのみこと》、表筒男命《うわつつのおのみこと》の3神の総称。墨江《すみのえ》（住吉）に鎮座することから墨江之三前大神《すみのえのみまえのおおかみ》とも称される。祓の神、航海安全の神、和歌の神、農耕・産業の神、弓の神、相撲の神などの幅広い御神徳で知られ、金運上昇の神様としても信仰されている。

住吉大神
を祀る主な神社

住吉大社《すみよしたいしゃ》（大阪府大阪市）
住吉神社《すみよしじんじゃ》（福岡県福岡市）
住吉神社《すみよしじんじゃ》（山口県下関市）
住吉神社《すみよしじんじゃ》（長崎県壱岐市）
本住吉神社《もとすみよしじんじゃ》（兵庫県神戸市）
唐津神社《からつじんじゃ》（佐賀県唐津市）
風浪宮《ふうろうぐう》（福岡県大川市）

猿田彦命《さるたひこのみこと》

天孫の道案内をした道開きの神

瓊瓊杵尊《ににぎのみこと》が天降りしようとした際、道案内をした神様であることから「道開きの神」として崇敬される。猿田毘古（大）神、猿田毘古之男神などとも表記される。方位除け、五穀豊穣、事業開運、交通安全など幅広い御神徳で知られ、万事をよい方向へ導く神とされることから、金運や財運アップの神様としても信仰される。

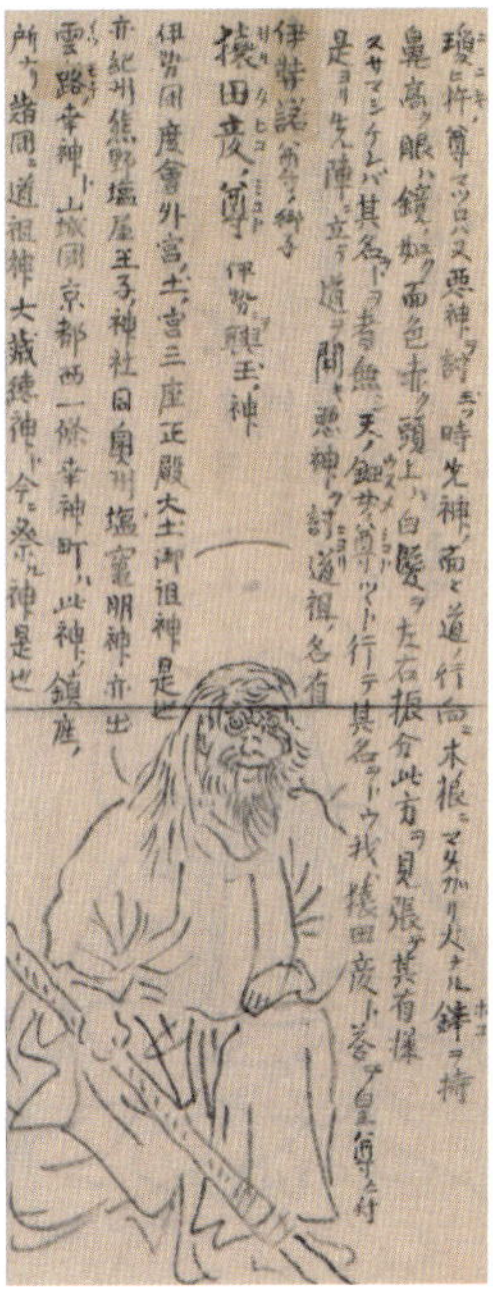

猿田彦命
を祀る主な神社

椿　大神社《つばきおおかみやしろ》（三重県鈴鹿市）
猿田彦神社《さるたひこじんじゃ》（三重県伊勢市）
二見興玉神社《ふたみおきたまじんじゃ》（三重県伊勢市）
白鬚神社《しらひげじんじゃ》（滋賀県高島市）
阿射加神社《あざかじんじゃ》（三重県松阪市）
佐太神社《さだじんじゃ》（島根県松江市）
荒立神社《あらたてじんじゃ》（宮崎県高千穂町）

天太玉命《あめのふとだまのみこと》

祭祀を司ったものづくりの神様

天岩戸神話において、天照大御神を岩戸から引き出すために知恵を絞り、道具を製作した。朝廷の祭祀を司った忌部《いんべ》（斎部《んべ》）氏の祖神とされ、太玉命、布刀玉命などとも表記する。祭祀のための道具や武具、社殿の造営などを司ったことからあらゆる産業の総祖神とされ、金運向上や事業繁栄などの御神徳でも知られる。

天太玉命
を祀る主な神社

天太玉命神社《あめのふとたまのみことじんじゃ》（奈良県橿原市）
大麻比古神社《おおあさひこじんじゃ》（徳島県鳴門市）
安房神社《あわじんじゃ》（千葉県館山市）
大原神社《おおはらじんじゃ》（千葉県君津市）
安房口神社《あわぐちじんじゃ》（神奈川県横須賀市）
洲崎大神《すさきおおかみ》（神奈川県横浜市）
金札宮《きんさつぐう》（京都府京都市）

※絵図はすべて『神佛図會』（国立国会図書館蔵）より。

善知鳥神社《うとうじんじゃ》

青森市発祥の地に祀られた三女神

現在の青森市が善知鳥村と呼ばれていた第19代允恭《いんぎょう》天皇の御代（412〜453）、北国を平定した善知鳥中納言安方《うとうちゅうなごんやすかた》が宗像三女神を祀ったのが起源とされ、その後、坂上田村麻呂《さかのうえのたむらまろ》が東北遠征の際に再建したと伝わる。拝殿奥の湧水「龍神之水」は、古くから水や海に関係する職業の人々から篤く信仰され、繁栄、安全、厄災除けなどのご利益がある霊水として知られる。

鳥居と社殿。本殿は昭和30年（1955）の再建、拝殿は同39年（1964）に竣工した。

龍神之水。古くから海や水に関係する仕事や商売をする人々から信仰されてきた霊水。

神 宗像三女神（多紀理毘売命、市寸島比売命、多岐都比売命）
青森県青森市安方2-7-18
017-722-4843
JR青森駅より徒歩約10分

志和稲荷神社《しわいなりじんじゃ》

千古の老杉が繁茂する霊場に鎮座

前九年《ぜんくねん》の役の際、この地を訪れた源頼義《みなもとのよりよし》・義家《よしいえ》が京都の伏見稲荷より分霊を勧請したのが起源との伝承がある。一方、社伝によると、志和郡領主・斯波《よしいえ》家長が創建し、斯波詮直《あきなお》が再興したとされる。金運上昇の神社としても信仰され、境内には、穴に硬化を投げ入れると運気が上がるとされる「願掛け杉」や、金運上昇のご利益があるという「銭撫で獅子」などがある。

拝殿。家内安全、交通安全、商売繁盛、五穀豊穣ほか幅広い御神徳で知られる。

稲荷山の山祇社奥に立つ願掛け杉。境内には樹齢1000年、高さ45mの稲荷山大杉もある。

神 宇迦之御魂大神、猿田彦大神、大宮能売大神
岩手県紫波郡紫波町升沢字前平17-1
019-673-7608
JR紫波中央駅よりタクシー約15分

金華山黄金山神社《きんかさんこがねやまじんじゃ》

金を司る神様を祀る古社

天平21年（749）、陸奥国《むつのくに》からはじめて黄金が産出したことを祝し、翌年に金を司る金山毘古神と金山毘賣神を奉祀し創建された。神仏習合時代には弁財天を奉祀して金華山大金寺《たいきんじ》と称し、日本五大弁財天として広く信仰を集めた。

同社には「3年続けてお参りすれば、一生お金に不自由しない」との言い伝えがあり、今も多くの参拝者を集めている。

手水舎と随神門。随神門は、大正14年（1925）に昭和天皇のご成婚記念事業として建立された。

大海祇《おおわたつみ》神社遥拝所（辨財天奉安殿）。頂上に鎮座する奥院の御祭神を遥拝するための施設。

神 金山毘古神、金山毘賣神
宮城県石巻市鮎川浜金華山5
0225-45-2301
鮎川港・女川港より定期船15～40分「金華山桟橋」下船、神社所有車約3分

伊佐須美神社《いさすみじんじゃ》

古代より会津を見守る岩代国《いわしろのくに》一宮

社伝によると、第10代崇神《すじん》天皇の御代に諸国鎮撫のため遣わされた大毘古命《おおびこのみこと》とその子、建沼《たけぬな》河別命《かわわけのみこと》が会津で行き会い、天《みか》津嶽《ぐらだけ》（現・御神楽嶽）に伊弉《いざ》諾命《なぎのみこと》と伊弉《いざ》冉尊《なみのみこと》を奉祀したことにはじまるという。夫婦円満や縁結び、商売繁盛、殖産興業など幅広い御神徳で知られ、金運・財運の神様としても広く信仰されてきた。初詣には、毎年約18万人もの参拝者が訪れる。

提供：伊佐須美神社

参道と楼門を望む。6万平方mを超える境内は季節の花々や自然林など見どころが多い。

二体一組の「強運御守」は、災難や凶事を除く方除けの御守として有名。

神 伊佐須美大神（伊弉諾尊、伊弉冉尊、大毘古命、建沼河別命）
福島県大沼郡会津美里町宮林甲4377
0242-54-5050
JR会津高田駅より徒歩約25分（タクシー約10分）

大宝八幡宮《だいほうはちまんぐう》

平将門《たいらのまさかど》も崇敬した関東最古の八幡宮

大宝元年（701）、藤原時《ふじわらのとき》忠《ただ》が筑紫の宇佐神宮を勧請して創建したのがはじまりと伝わる、関東最古の八幡宮。平将門も戦勝祈願のために度々同社を参拝し、同宮の巫女によって新王の位を授けられたという。御祭神は出世開運、武運長久ほか、幅広い御神徳で知られ、同社の「大宝」という名称から金運・財運、宝くじの当選などにもそのご神威を発揮するといわれている。

神門越しに拝殿を望む。同社はあじさいの名所としても知られる。

提供：大宝八幡宮

天正5年（1577）再建の本殿（国指定重要文化財）。桃山時代の地方色を伝える貴重な遺構である。

- 神：譽田別命（応神天皇）、足仲彦命（仲哀天皇）、気長足姫命（神功皇后）
- 所在地：茨城県下妻市大宝667
- 電話：0296-44-3756
- 交通：関東鉄道大宝駅より徒歩約3分

鷲子山上神社《とりのこさんしょうじんじゃ》

幸運を呼ぶ日本一の「大フクロウ」

大同2年（807）、矢又村《やまた》（現・那賀川町矢又）の宝珠上人《ほうじゅしょうにん》が製紙殖産の守護神として天日鷲命《あめのひわしのみこと》を祀り創建したと伝わる。その後、天長5年（828）に疫病が流行し、これを鎮めるために大己貴命と少彦名命を合祀したという。境内には日本最大級の大フクロウをはじめ数多のフクロウ像があり、運気上昇、金運の福徳を招くパワースポットとして多くの参拝者が訪れる。

大鳥居と仁王堂。同社は栃木県と茨城県の県境に鎮座する神社としても知られる。

地上7mの大フクロウ像。御祭神ゆかりの鳥の神様で、「不苦労」の語呂合わせから幸福を呼ぶという。

- 神：天日鷲命
- 所在地：栃木県那須郡那珂川町矢又1948
- 電話：0287-92-2571
- 交通：JR烏山駅よりタクシー約30分

大前神社《おおさきじんじゃ》（大前恵比寿神社《おおさきえびすじんじゃ》）

参拝者を出迎える「日本一えびす様」

大国主神（大黒さま）とその第一の御子神・事代主神（恵比寿さま）を祀る、１５００有余年の歴史を誇る古社。健康、縁結び、開運承服、病気平癒など幅広い御神徳で知られる。

境内社の大前恵比寿神社は、平成元年（１９８９）に鎮座奉祝祭を斎行し完成した若宮社《わかみやしゃ》。「日本一えびす様」の御神像で知られ、宝くじ当選をはじめとした金運上昇の御神徳で名高い。

神 大己貴神、事代主神
栃木県真岡市東郷937
0285-82-2509
真岡鐵道北真岡駅より徒歩約15分

大前神社の拝殿。元禄元年(1688)の建立と伝わる。本殿、幣殿とともに国の重要文化財に指定されている。

大前恵比寿神社の「日本一えびす様」。まずは本社の大前神社を参拝したのち、同社にお参りするのが作法。

提供：(公社) 栃木県観光物産協会

中之嶽神社《なかのたけじんじゃ》

金運をもたらす「剣持だいこく様」

もとは妙義山の神・波胡曽神《はこそかみ》を祀る聖地で、山頂の轟岩《とどろきいわ》を御神体とする。東征の折、妙義山に登岳したとの伝承から日本武《やまとたけるの》尊《みこと》を御祭神とし、第29代欽明《きんめい》天皇の御代（５３９～５７１）に妙形氏が社殿を建立。大国主命は嵯峨《さが》天皇の御代（８０９～８２３）に弘法大師空海《こうぼうだいしくうかい》によって祀られたという。境内にそびえる剣持だいこく様で有名で、金運のご利益で知られる。

神 日本武尊、大国主命
群馬県甘楽郡下仁田町大字小坂1248
0274-82-5671
JR磯部駅・下仁田駅よりタクシー約25分

奥宮。背後の轟岩を御神体とし、拝殿・幣殿のみで本殿を持たない珍しい様式となっている。

高さ20m、重さ8.5tの「日本一のだいこく様」。病や厄、悪霊を祓い福を招くという。

新屋山神社《あらややまじんじゃ》

明治23年（1890）造営の本宮の拝殿。昭和9年（1934）に本殿を再建し、末社の浅間社、大神社を合祀した。

産業の発展と金運をもたらす山の神

千葉県の安房神社、石川県の金劔宮《きんけんぐう》ともに「日本三代金運神社」の1社とされる、富士山麓に鎮まる神社。天文3年（1534）の創建と伝わり、古くから山を守る神、産業の神として林業や農業に携わる人々から建築業などに携わる職人の方々にまで、広く崇敬されてきた。近年は「金運神社」として全国に知られるようになり、とくに富士山の2合目に鎮座する奥宮は、金運に絶大なご利益があるという。奥宮はもともと草地と林地との境に祀られた石祠だったが、平成23年（2011）に社殿を新築し遷座《せんざ》した。奥宮は、冬期は参道が閉鎖されるので要注意。

奥宮。毎年11月下旬から4月末ごろまでは参道が閉鎖されるため参拝できない。

神 大山祇命、天照皇大神、木花開耶姫命
山梨県富士吉田市新屋4-2-2
0555-24-0932
富士急行富士山駅よりバス約7分「新屋公民館入り口」下車徒歩約7分

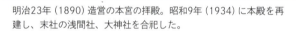

金櫻神社《かなざくらじんじゃ》

金の花を咲かせる桜と水晶の御守

第10代崇神天皇の御代、疫病を鎮めるため金峰山《きんぷさん》山頂に御祭神を祀ったのが起源。その後、第12代景行《けいこう》天皇の御代に日本武尊が山頂に須佐之男命と大己貴命を合祀し、次いで第21代雄略《ゆうりゃく》天皇の御代に金峰山より現社地に遷され、里宮が創建されたと伝わる。里宮境内には金の花を咲かせる「鬱金櫻《うこんざくら》」があり、この桜を拝み水晶の御守を受けると一生涯金運に恵まれるという。

里宮の社殿。背後の御神体・金峰山の山頂に本宮がある。同社は、この地で発掘された水晶「火の玉・水の玉」をご神宝とする。

鬱金櫻。毎年4月下旬から5月上旬にかけて淡い金色味を帯びた花が満開となる。

神 少彦名命
山梨県甲府市御岳町2347
055-287-2011
JR甲府駅よりバス約50分「昇仙峡滝上」下車、徒歩約25分

聖神社《ひじりじんじゃ》

日本初の銅の産出地に鎮まる銭神様《ぜにがみさま》

慶雲5年（708）、秩父で銅が発見され、これを喜んだ元《げん》明《めい》天皇は元号を「和銅」に改め、勅使を遣わし祝山《いわいやま》に神籬《ひもろぎ》を建てて鉱山の神・金山彦尊を祀った。その後、和銅元年（708）に現社地に遷座し、同社が創建されたという。日本最初の流通貨幣といわれている「和同開珎」ゆかりの神社であることから「銭神様」とも呼ばれ、金運の神様として信仰されている。

昭和38年（1963）に秩父市中町の今宮《いまみや》神社から移築改修した社殿。旧本殿は境内社・和銅出雲神社として奉斎されている。

聖神社境内の近くにある和銅遺跡に建つ、和同開珎発祥の地モニュメント。

神 金山彦神、天照大御神、、国常立命、神武天皇、元明天皇
埼玉県秩父市黒谷2191
0494-24-2106
秩父鉄道和銅黒谷駅より徒歩約5分

寶登山神社《ほどさんじんじゃ》

日本武尊を救った山の神の使い

標高約497mの宝登山山頂に奥宮が、そのふもとに本社が鎮座する。東征の帰途、日本武尊が宝登山を訪れた際、登岳の途中で猛火にあった。それを突然現れた山犬たちが消し止めて頂上まで送り届けたことから、山頂に神籬を建てて神々を祀り、山の名を「火止山《ほどさん》」と定めたという。同社は「宝が登る山」という名称から、金運招福の神としても広く崇敬されている。

現在の社殿は、弘化4年（1847）に再建がはじまり、明治7年（1874）の拝殿竣工によって完成した。

一の鳥居と宝登山。山頂には日本武尊が神霊を祀った奥宮が鎮座する。

神 神日本磐余彦尊（神武天皇）、大山祇神、火産霊神
埼玉県秩父郡長瀞町長瀞1828
0494-66-0084
秩父鉄道長瀞駅より徒歩約10分

提供：（公社）さいたま観光国際協会

氷川神社《ひかわじんじゃ》

日本武尊《やまとたけるのみこと》も祈願した古社

2000年以上の歴史を誇る武蔵野国一宮。第5代孝昭天皇の御代の創祀で、第12代景行天皇の御代には日本武尊が東夷鎮定の祈願をしたと伝わる。その後も足利、徳川氏ら武家の崇敬も篤く、社殿の再建や造営を行った。毎年12月10日に行われる十日市では、商売繁盛や金運の縁起物とされる「熊手」を授与している。また、境内の神池には弁財天を祀る宗像神社が鎮まる。

神池にかかる橋越しに楼門を望む。境内までは約2kmにおよぶ長いケヤキ並木の参道が伸びる。

同社がこの地に鎮座した由来とも伝わる神秘的な湧水「蛇の池」。以前は禁足地とされていたが、現在は道が整備され近くまで行くことができる。

神 須佐之男命、稲田姫命、大己貴神
埼玉県さいたま市大宮区高鼻町1-407
048-641-0137
JR大宮駅より徒歩約15分

神田神社《かんだじんじゃ》（神田明神《かんだみょうじん》）

随神門。昭和50年（1975）に昭和天皇御即位50年の記念事業として再建された。

広大な御神徳で知られる江戸の総鎮守

天平2年（７３０）に、出雲氏族の真神田臣《まかんだおみ》により現在の将門塚周辺に創建されたと伝わり、江戸時代を通じて「江戸総鎮守」と呼び親しまれてきた。慶長5年（１６００）には徳川《とくがわ》家康《いえやす》が同社で関ヶ原の戦いの戦勝祈願をし、9月15日の神田祭の日に天下統一を果たしたことから、これ以降、徳川将軍家により縁起のよい祭礼として絶やすことなく執り行われるよう命ぜられた。縁結びの神である大己貴命、商売繁盛の神である少彦名命、除災厄除の神である平将門命の三柱を祀り、その広大な御神徳から金運・財運の神様としても崇敬されてきた。

昭和51年（1976）完成の高さ6.6mのだいこく像。金運上昇のご利益があるとして人気。

神 大己貴命、少彦名命、平将門命
東京都千代田区外神田2-16-2
03-3254-0753
JR・東京メトロ御茶ノ水駅・末広町駅より徒歩約5分、またはJR・東京メトロ秋葉原駅より徒歩約7分

芝大神宮《しばだいじんぐう》

富くじ発祥の地に鎮まる関東のお伊勢さま

寛弘2年（1005）の創建で、古くは飯倉神明宮《いいくらしんめいぐう》、芝神明宮などと称した。源頼朝や徳川幕府など武将や将軍家からの庇護も篤く、江戸時代には「関東のお伊勢さま」として人々の崇敬を受けて賑わった。縁結びや商売繁盛、金運、厄除けなど幅広い御神徳で知られるが、同社は富くじ（宝くじ）発祥の地とされることから宝くじ当選の祈願に訪れる参拝者も多い。

鳥居と拝殿。伊勢神宮の御祭神、天照大御神（内宮）と豊受大神（外宮）の2柱を主催陣として祀る。

大鳥居脇に立つ貯金塚。不動貯金銀行創立者・牧野元次郎《まきのもとじろう》氏を称えて建てられたもので、金運スポットとしても知られる。

- 神　天照大御神、豊受大神
- 東京都港区芝大門1-12-7
- 03-3431-4802
- JR浜松町駅・都営地下鉄御成門駅より徒歩約5分、または都営地下鉄大門駅より徒歩約1分

小網神社《こあみじんじゃ》

太田道灌も参拝したと伝わる弁財天の社

文正元年（1466）に疫病を鎮めるため、平安時代の名僧・恵心僧都源信《えしんそうずげんしん》が開基した庵跡に創建されたと伝わる。創建当時の江戸領主・太田道灌《おおたどうかん》も、その御神徳の噂を聞き、たびたび同社を参拝したという。弁財天（市杵島比賣神）を祀ることから金運にご利益がある社としても知られ、社殿の脇にある「銭洗いの井」で金銭を清めて財布に入れておくと財運を授かるとされる。

社殿は日本橋地区に残る唯一の戦前の木造神社建築。向拝《こうはい》の龍の彫刻は「強運厄除の龍」として拝される。

財運を授かるという「銭洗いの井」。同社は「東京銭洗い弁天」とも称される。

- 神　倉稲魂神、市杵島比賣神、福禄寿ほか
- 東京都中央区日本橋小網町16-23
- 03-3668-1080
- 東京メトロ人形町駅より徒歩約5分、または都営地下鉄人形町駅より徒歩約7分

椙森神社《すぎもりじんじゃ》

日本で唯一の「富塚」がある神社

社殿。江戸時代には、烏森神社、柳森神社とともに「江戸三森」の1つに数えられ、諸大名の崇敬を受けた。

天慶3年（940）、平将門の乱の鎮定のために同地を訪れた田原藤太秀郷《たわらとうたひでさと》（藤原秀郷）が戦勝を祈願したと伝わる。その後、太田道灌が同社で雨乞いし霊験があったことから、山城国稲荷山五社大神を遷し祀ったという。江戸時代には境内で花相撲（本場所以外の興行）や富興行（現在の宝くじ）が盛んに行われたことから、現在も多くの人が宝くじ当選の祈願に訪れる。

境内には、江戸時代に富興行が行われたことを記念して建立された日本唯一の「富塚の碑」がある。

- 神 五社稲荷大神（倉稲魂の大神、素戔嗚の大神、すさのう 大市姫の大神、大巳貴の大神、四大神）、恵比寿大神
- 東京都中央区日本橋堀留町1-10-2
- 03-3661-5462
- 東京メトロ人形町駅または小伝馬町駅より徒歩約5分

品川神社《しながわじんじゃ》

繁栄をもたらす「一粒萬倍《いちりゅうまんばい》の御神水」

現在の社殿は昭和39年（1964）の再建。境内には都内最大級の富士塚がある。

文治3年（1187）、源頼朝が安房国《あわのくに》の洲崎《すのさき》明神（千葉県館山市の洲崎神社）を勧請したことがはじまりと伝わる。慶長5年（1600）には、徳川家康が関ヶ原の戦いへ出陣する際に同社へ参拝して戦勝を祈願し、以後、徳川将軍家の庇護を受けた。境内社の阿那《あな》稲荷神社には「一粒萬倍の御神水」と呼ばれる泉があり、印鑑やお金にこの水を注ぐと運気を授かるという。

一粒萬倍の御神水。境内社の阿那稲荷神社には上社と下社があり、この御神水は下社にある。

- 神 天比理乃咩命、宇賀之売命、素盞嗚尊
- 東京都品川区北品川3-7-15
- 03-3474-5575
- 京急新馬場駅北口より徒歩約1分、またはJR品川駅より徒歩約15分

安房神社《あわじんじゃ》

上の宮の拝殿。天太玉命とその妃神をはじめとした忌部の神々を祀る。

提供：（一社）館山市観光協会

あらゆる産業の総祖神を祀る安房国一宮

今から2600年以上前の創祀と伝わり、日本三大金運神社の1社とされる。初代神武《じんむ》皇の命を受けた天富命《あめのとみのみこと》が、肥沃な土地を求めて阿波国《あわのくに》（現・徳島県）に上陸して開拓を進めたのち、さらなる肥沃な土地を求めてこの地にたどり着き、自身の祖神である天太玉命を祀ったのが同社のはじまりだという。

主祭神の天太玉命は、あらゆる産業の総祖神とされることから商売繁盛、事業繁栄、技術向上など幅広い御神徳で知られ、下の宮の御祭神・天富命と天忍《あめのおし》日命《ひのみこと》とともに開拓や産業発展の神とされることから、金運の神様としても信仰されてきた。

提供：（一社）館山市観光協会

同社は桜の名所としても知られる。境内には上の宮と下の宮のほか、市杵島姫命を祀る厳島《いつくしま》社《しゃ》、大物主神を祀る琴平社《ことひらしゃ》も鎮座する。

神 天太玉命、天比理刀咩命、忌部五部神（櫛明玉命、天日鷲命、彦狭知命、手置帆負命、天目一箇命）
千葉県館山市大神宮589
0470-28-0034
JR館山駅よりバス約20分「安房神社前」下車、徒歩約10分

銭洗弁財天宇賀福神社《ぜにあらいべんざいてんうがふくじんじゃ》

源頼朝《よりとも》の夢枕に立った宇賀福神《うがふくじん》

同社の創建については、以下の伝承がある。巳の年の文治元年（1185）、巳の月、巳の日の夜、源頼朝の夢に宇賀福神が現れ、西北にある泉が湧き出る地で神仏を供養するよう告げた。

頼朝はすぐに佐助ヶ谷に湧く霊水を見つけ、そこに宇賀福神を祀ったという。これが今も境内の洞窟（奥宮）で湧く「銭洗水《ぜにあらいみず》」で、弁財天の縁日である巳の日は特にご利益があるとされる。

入口のトンネルは昭和30年代に彫られたもので、それ以前は現在「裏参道」と呼ばれる南側の細い道が正参道だった。

本宮の横の洞窟（奥宮）にある「銭洗水」は、鎌倉五名水の1つとされる。

提供：（公社）鎌倉市観光協会

- 神　市杵島姫命
- 神奈川県鎌倉市佐助2-25-16
- 0467-25-1081
- JR鎌倉駅より徒歩約25分

江島神社《えのしまじんじゃ》

天女とともに出現した神が鎮まる島

欽明《きんめい》天皇13年（552）、天女の天下りとともに江ノ島が出現し、島の洞窟（現在の岩屋）に神様を祀ったのが起源と伝わる。その後、役小角《えんのおづぬ》ほか多くの名僧がこの地で修行し、空海が岩屋本宮《いわやほんぐう》を、慈覚大師円仁《じかくだいしえんにん》が上之宮《かみのみや》（中津宮《なかつみや》）、慈悲上人良真《じひしょうにんりょうしん》が下之宮（辺津宮）を創建したという。同社は金運、幸福招来、諸芸上達、縁結び、交通安全など幅広い御神徳で知られる。

提供：（公社）藤沢市観光協会

田寸津比賣命《たぎつひめのみこと》を祀る辺津宮《へつみや》境内にある奉安殿《ほうあんでん》。八臂《はっぴ》弁財天像と日本三大弁財天の1つとされる妙音《みょうおん》弁財天が安置されており、金運のご利益があるという。

提供：（公社）藤沢市観光協会

市寸島比賣命（弁財天）を祀る中津宮。ここから10分ほど登ると、もともと岩屋で祀られていた多《た》紀理比賣命《ぎりびめのみこと》を御祭神とする奥津宮がある。

- 神　多紀理毘売命、市寸島比売命、田寸津比売命
- 神奈川県藤沢市 江の島2-3-8
- 0466-22-4020
- 小田急片瀬江ノ島駅・江ノ電江ノ島駅・湘南モノレール湘南江の島駅より徒歩約15〜23分

南宮大社《なんぐうたいしゃ》

提供：（一社）岐阜県観光連盟

鮮やかな朱塗りが特徴の社殿。現在の建物は、慶長5年（1600）の関ヶ原の合戦の兵火によって焼失したものを、寛永19年（1642）、春日局の願いにより、3代将軍徳川家光公が再建したもの。

提供：（公社）藤沢市観光協会

神武東征を助けた鉱山・金属の神

全国の鉱山や金属業の総本宮とされる美濃国一宮《みののくにいちのみや》。初代神武天皇が即位後、東征を助けた金山彦大神を不破《ふわ》郡府中《ふちゅう》に祀ったのが起源で、その後、第10代崇神天皇の御代に現社地に遷座したと伝わる。古くは「仲山金山彦神社」と称されていたが、国府から南方に位置することから「南宮大社」といわれるようになったという。

武具をはじめとした鉄器の象徴である鉱山・金属の神様を祀ることから、勝負事や必勝祈願のため訪れる参拝者も多い。また、金属を司る神様を祀ることから、金運上昇の御神徳でも知られている。

境内社の南宮稲荷神社へ向かう参道には百連鳥居が連なる。

神 金山彦大神、彦火火出見尊、見野命
岐阜県不破郡垂井町宮代1734-1
0584-22-1225
JR垂井駅より徒歩約20分

金神社《こがねじんじゃ》

岐阜の開拓と発展に尽くした皇女を祀る

第13代成務《せいむ》天皇5年（135）の創建と伝わる。主祭神の淳熨《ぬの》斗《し》姫命《ひめのみこと》は第12代景行《けいこう》天皇の第六皇女で、夫である伊奈波《いなば》神社の主祭神・五十《い》瓊《に》敷《しき》入《いり》彦命《ひこのみこと》が讒言《ざんげん》により朝敵とされ非業の死を遂げたため、夫の御霊を慰めつつこの地で生涯を終えた。その間、命はこの地を開拓し産業・農業の発展に寄与したことから、人々は財をもたらす神として信仰し、金大神《こがねのおおかみ》と称された。

境内入口に建つ金の鳥居。同社は古来、産業繁栄、財宝・金運招福、商売繁盛の神様として信仰を集めてきた。

毎月最終金曜日の「Premium金day」にだけ、金色字の御朱印をいただくことができる。

神 淳熨斗姫命
岐阜県岐阜市金町5-3
058-262-1316
名鉄岐阜駅・JR岐阜駅より徒歩約10〜15分

山田天満宮《やまだてんまんぐう》・金神社《こがねじんじゃ》

天神様の境内に鎮まる金運招福の神様

上野《うえの》天満宮《てんまんぐう》、桜天神社《さくらてんじんしゃ》とともに「名古屋三天神」の1つに数えられる山田天満宮。その境内に鎮座する金神社は、延享3年（1746）に庶民の福徳円満、商売繁盛、金運招福、街道往来の御神徳と御加護を願って奉祀されたという。金神社は東海地方では数少ない「銭洗い」ができるスポットとして知られ、宝くじの高額当選など金運上昇の霊験でも広く知られている。

山田天満宮境内に鎮座する金神社。「銭洗い」のほか、小槌を担いだ「金ねずみ」の像がある。

山田天満宮。尾張藩2代藩主・徳川光友《みつとも》公が、寛文12年（1672）に大宰府天満宮より菅原道真公の神霊を勧請した。

神 菅原道真公［山田天満宮］、恵比須神、大国主命（大黒天）、金山彦神、岐神［金神社］
愛知県名古屋市北区山田町3-25
052-981-5695
JR・地下鉄名城線・名鉄・ゆとりーとライン大曽根駅より徒歩約7分

御金神社
みかねじんじゃ

金属と金融の町で崇められた金運の神

金山毘古命を主祭神とし、天照大御神と月読命《つくよみのみこと》併せ祀る。もとは個人が屋敷内で祀る邸内社だったが、参拝を願う人が絶えなかったため明治16年（1883）に現在の社殿が建立され、境内が整えられた。この地は平安時代より鋳物職人が多く集まり、江戸時代には金銀細工業者が集められ、両替商も多かったことから、金運の神として崇められるようになったという。

金の鳥居。江戸時代創業の老舗・堀金箔粉株式会社の協力によって建てられた。

同社の御神木であるイチョウの葉を模った「いちょう絵馬」。イチョウは繁栄や発展、不老長寿などの象徴とされる。

神 金山毘古命、天照大御神、月読命
京都府京都市中京区西洞院通御池上ル 押西洞院町614
075-222-2062
京都市営地下鉄烏丸御池駅・二条城前駅より徒歩約5分

車折神社
くるまざきじんじゃ

「約束を違えないこと」を守ってくれる神様

御祭神は平安時代の儒学者・清原頼業《きよはらのよりなり》公で、逝去後に建てられた宝寿院《ほうじゅいん》という廟が起源。「車折」の名は、後嵯峨《ごさが》天皇が社前を通ったときに牛車《ぎっしゃ》の轅《ながえ》が折れたことに由来する。御祭神の御学徳から学業成就や試験合格の御神徳で知られるほか、「約束を違えない」神とされることから売掛金回収や商売繁盛のご利益で知られ、お金に不自由しないご加護があるという。

拝殿。御祭神の清原頼業公は、和漢の学識と実務の手腕は当代無比と称されていた。

境内には芸能の祖神・天宇受売《あめのうずめの》命《みこと》を祀る芸能神社があることから、芸能上達の祈願に訪れる参拝者も多い。

神 清原頼業公
京都府京都市右京区嵯峨朝日町23
075-861-0039
嵐電車折神社駅より徒歩すぐ

京都ゑびす神社《きょうとえびすじんじゃ》

都に鎮まるゑびす様

西宮神社、今宮戎神社とともに「日本三大えびす」と称され、地元では「えべっさん」の名で親しまれる。今から約800年前の建仁2年（1202）に、禅の祖といわれる栄西《えいさい》禅師が建仁寺《けんにんじ》建立にあたり、その鎮守として創建したのがはじまりと伝わる。ゑびす信仰の象徴でもある家運隆昌、商売繁盛の「福笹」は、もともと同社で頒布していた御札の形態が広まったものだという。

鳥居と社殿。鳥居の扁額部分にはゑびす様の顔を模った「福箕」がかけられており、ここにお賽銭を投げ入れて、入れば願いが叶うという。

境内にある福々しい表情の「ゑびす様」の像。毎年1月8日から12日に行われる「十日ゑびす大祭」は多くの参拝者でにぎわう。

神　八代事代主大神、大国主大神、少彦名神

京都府京都市東山区大和大路通四条下ル小松町125

075-525-0005

京阪電車「祇園四条駅」より徒歩約6分、または阪急電車「河原町駅」より徒歩約8分

今宮戎神社《いまみやえびすじんじゃ》

「念押し」で願いが伝わるえびす様の社

推古《すいこ》天皇の御代の西暦600年、聖徳太子《しょうとくたいし》が創建した四天王《してんのう》寺《じ》の西方の守り神として創建されたと伝わる。かつては漁業の守り神としても崇敬され、やがて、大阪の町の発展とともに商売繁盛や福徳円満を祈念する神として篤く信仰されるようになった。社殿でお参りしたあと、裏手にある銅鑼を叩いてもう1度「念押し参り」をすると、願いが伝わるといわれている。

提供：（公財）大阪観光局

社殿。大阪の町の発展とともに、漁業の神から商業を守る神様として崇敬されるようになっていった。

提供：（公財）大阪観光局

毎年1月9日から11日の3日間開催される「十日戎《とおかえびす》」は、大阪きっての風物詩として有名。

神　天照坐皇大御神、事代主命、素戔嗚命、月読命、稚日女命

大阪府大阪市浪速区恵美須西1-6-10

06-6643-0150

南海電鉄今宮戎駅より徒歩すぐ、または大阪メトロ大国町駅・恵美須町駅より徒歩約5分

住吉大社《すみよしたいしゃ》

4棟の国宝本殿と金運・子宝の境内社

全国に約2300社ある住吉神社の総本社。摂津国《せっつのくに》一宮。住吉大神の加護を得て三韓を平定した神功皇后が、大神の神託により現社地に三神を祀ったのが起源と伝わる。その後、神功皇后も併祀され、住吉大神と称えられた。商売繁盛や縁結び、家内安全、恋愛成就など幅広い御神徳で信仰されており、倉稲魂命を祀る境内社・種貸社《たねかししゃ》は金運や子宝安産のご利益で知られる。

提供：住吉大社

神社建築史上最古の洋式の1つとされる住吉造の本殿は、4棟すべてが国宝に指定されている。

種貸社。毎月初の辰の日に社殿でご祈祷を受けると「一粒万倍《いちりゅうまんばい》」のご利益があるという種銭がいただける。

- 神 底筒男命、中筒男命、表筒男命、息長足姫命（神功皇后）
- 大阪府大阪市住吉区住吉2-9-89
- 06-6672-0753
- 阪堺電気鉄道住吉鳥居前駅より徒歩すぐ、または南海鉄道住吉大社駅・住吉東駅より徒歩約3～5分

西宮神社《にしのみやじんじゃ》

福の神として崇敬される「えびすさま」の総本社

全国に約3500社あるえびす神を祀る神社の総本社。創建年代は不明だが、その昔、鳴尾《なるお》の漁師が網にかかった御神像をお告げに従いこの地に祀ったのが起源と伝わる。もとは漁業の神として信仰されていたが、室町時代に七福神信仰が広まると商売繁盛の神様として信仰されるようになった。ほかにも金運や縁結び、勝負運など、幅広い御神徳で崇敬を集めている。

拝殿。背後には昭和36年（1961）に再建された三連春日造の本殿が鎮座する。

境内には十二の末社がある。写真は水の神、金運の神である市杵島姫命を祀る市杵島神社。

- 神 えびす大神（蛭児大神）、天照大御神、大国主大神、須佐之男大神
- 兵庫県西宮市社家町1-17
- 0798-33-0321
- 阪神電車西宮駅より徒歩約5分、またはJRさくら夙川駅・西宮駅より徒歩約10～15分

金龍神社《きんりゅうじんじゃ》

春日龍神信仰を今に伝える金運をもたらす神

奈良の春日大社には龍神信仰を伝える5つの社があり、それをめぐることを「春日五大龍神めぐり」という。その第1番参拝所が、南北朝時代に後醍醐《ごだいご》天皇が御鏡を奉安して天下泰平を祈願したことにはじまる金龍神社である。天皇の印である龍と春日龍神信仰とが重なった同社は金龍殿と称され、開発や開拓を発展させ、金運をもたらす神として信仰されるようになった。

提供：春日大社

春日大社の末社で、金龍大神を祀る金龍神社。金運をもたらす神として有名で、投資家の参拝も多いという。

お社を守護する阿吽の金龍像。金龍神社には、お社を100回まわって祈願するお百度参りの風習がある。

- 神 金龍大神
- 奈良県奈良市春日野町
- 0742-22-7788（春日大社）
- 近鉄奈良駅より徒歩約49分

金持神社《かもちじんじゃ》

霊妙なる出雲の玉石を祀る産土神社

古くより金持村の産土神で、出雲国薗妙見宮《いずものくにそのみょうけんぐう》（長浜《ながはま》神社）より勧請したと伝わる。弘仁元年（810）に妙見宮の次男が伊勢へと旅をしていたところ、御守神としていた玉石がこの地で急に重くなり、やむなくその場に石を置いて旅立ったという。そのころ、梅林《うめばやし》家（現宮司家）の吉郎左衛門に宮づくりをするよう神夢があり、その玉石を祀ったのが起源だという。

提供：鳥取県

社殿。主祭神の八束水臣津《やつかみずおみつ》奴命《ぬのみこと》は国引き神話で有名な神。『古事記』では須佐之男命の子孫で、大国主命の祖父としている。

提供：（公財）大阪観光局

境内入口の鳥居と参道の石段。近年、その社名から金運の神様として参拝する人々が増えた。

- 神 天之常立命、八束水臣津奴命、淤美豆努命、天香語山命
- 鳥取県日野郡日野町金持74
- 0859-75-2591
- JR根雨駅よりバス約20分「金持神社前」下車すぐ

美保神社《みほじんじゃ》

大国主神の后神と御子神を祀る出雲の古社

全国に約3000社ある「えびす様」こと事代主神を祀る神社の総本宮。創建年代は不明だが、天平5年（733）編纂の『出雲国風土記』にその社名が記された古社である。商売繁盛や金運の御神徳で知られる事代主神とともに、大国主神の后神で稲穂や音楽の守護神とされる三穂《みほ》津《つ》姫命《ひめのみこと》を祀ることから、五穀豊穣や歌舞音曲にまつわる御神徳でも信仰を集めている。

※112ページで紹介した西宮神社も「えびす宮総本社」を称するが、同じ「えびす様」でも、美保神社は事代主神を祀り、西宮神社は蛭児大神（伊弉諾命と伊弉冉命が最初に産んだ御子）を祀る。

本殿。向かって右側の左殿（大《おお》御《ご》前《ぜん》）に三穂津姫命、向かって左側の右殿（二《にの》御《ご》前《ぜん》に事代主神を祀る。

美保神社の飛地境内の「地の御前」の鳥居から、沖合4kmにある事代主神ゆかりの島「沖の御前」方面を望む。

神 三穂津姫命、事代主神
島根県松江市美保関町美保関608
0852-73-0506
JR境港駅よりバス約10分「宇井渡船場」乗換、バス約15分「美保神社入口」下車すぐ、またはJR松江駅よりバス42分「万原」乗換、バス約40分「美保神社入口」下車すぐ

宗像大社《むなかたたいしゃ》

海上交通の要衝に鎮まる三柱の女神

宗像市田島《たじま》の辺津宮《へつぐう》、その10kmほど沖合の大島に鎮座する中《なか》津宮《つぐう》、玄界灘のほぼ中央に浮かぶ沖ノ島を御神体とする沖津宮《おきつぐう》の3社からなる。3社はいずれも古代からの海上の要衝に位置し、国家守護、海上・交通安全の神として崇敬されてきた。また、弁財天と習合した市杵島姫命を祀ることから金運の神様としても信仰されている。

神 田心姫神、湍津姫神、市杵島姫神
福岡県宗像市田島2331［辺津宮］
0940-62-1311
JR東郷駅よりバス約12分「宗像大社前」下車すぐ［辺津宮］

田《た》心《ごり》姫神《ひめのかみ》を祀る沖津宮が鎮座する沖ノ島。古代の国家祭祀の遺跡がほぼ手つかずのまま残ることから「海の正倉院」とも称される。

提供：（公社）福岡県観光連盟

提供：（公社）福岡県観光連盟

湍《たぎ》津《つ》姫神《ひめのかみ》を祀る中津宮（上）。鎮座地の大島の北側には、沖ノ島を遥拝する沖津宮遥拝所（左）がある。

市杵島姫神を祀る辺津宮。境内には沖ノ島神宝（8万点の国宝）を収蔵する神宝館がある。

提供：（公社）福岡県観光連盟

宮地嶽神社《みやじだけじんじゃ》

「光の道」で知られる神功皇后ゆかりの社

1800年ほど前、御祭神である息長足比売命《おきながたらしひめのみこと》（神功皇后）が渡韓の折、大海原を望む宮地嶽山頂に祭壇を設け、天神地祇《てんじんちぎ》を祀って戦勝を祈願した。その後、神功皇后の功績を称えて主祭神として奉斎し、随従の勝村《かつむら》・勝頼大神《かつよりのおおかみ》を併せ「宮地嶽三柱大神」として祀ったのが起源だという。境内の遺跡から金色に輝く埋葬物が出土したことから、金運の神様としての信仰も広まった。

提供：（公社）福岡県観光連盟

本殿と日本一の大注連縄《おおしめなわ》。同社にはほかにも日本一の大太鼓と大鈴がある。本殿の裏には奥の宮八社が祀られている。

提供：（公社）福岡県観光連盟

海へと延びる参道。毎年2月下旬と10月下旬に、沈む夕日が参道を照らし出す「光の道」を見ることができる。

- 神　息長足比売命（神功皇后）、勝村大神、勝頼大神
- 福岡県福津市宮司元町7-1
- 0940-52-0016
- JR福間駅よりバス約5分「宮地嶽神社前」下車すぐ

宝当神社《ほうとうじんじゃ》

島の守り神にして宝くじ当選の神様

今から450年以上昔、高島を荒らす海賊を撃退した野崎隠《のざきお》岐守綱吉《きのかみつなよし》の墓を島の守り神として祀ったのが起源と伝わる。明治34年（1901）、島の産業である製塩業で島が潤ったため、お礼として同社に「寶當神社」と記した石造りの鳥居が奉納され、このころから宝当神社と呼ばれるようになった。近年は、その社名から宝くじ当選の神様としても信仰を集めている。

提供：（一社）佐賀県観光連盟

境内と社殿。宝くじ当選、開運招福などの御神徳で知られ、全国から年間約20万人もの参拝者が訪れる。

提供：（一社）佐賀県観光連盟

鎮座地の高島《たかしま》。唐津大島から西に約1.5kmに位置し、周囲は約3km。

- 神　野崎隠岐守綱吉命
- 佐賀県唐津市高島523
- 0955-74-3715
- JR唐津駅よりタクシー約5分、宝当桟橋より定期船約10分「高島港」下船、徒歩約2分

提供：（一社）佐賀県観光連盟

鮮やかな総漆塗りの社殿。117段の階段を昇り、高さ18mの舞台上で参拝する。背後の山の頂には奥の院が鎮座する。

祐徳稲荷神社《ゆうとくいなりじんじゃ》

壮麗な社殿で知られる日本三大稲荷の1社

貞享4年（1687）、肥前《ひぜん》鹿島《かしま》藩主鍋島直朝《なべしまなおとも》公の夫人・花《か》山院萬子《ざんいんまんこ》姫が京都から輿入れする際、花山院邸に鎮座する稲荷大神の分霊を勧請したことにはじまる。日本三大稲荷の1社とされ、五穀豊穣、商売繁盛、家運繁栄、大漁満足、交通安全など幅広い御神徳で知られ、本殿奥の岩山を見上げて祈ると金運向上のご利益があるという。

京都の清水寺より高い懸造《かけづくり》の社殿は、その壮麗さから「鎮西《ちんぜい》日光」と称される。ほかにも外苑の東山公園のツツジ、年間を通して多彩な花が楽しめる日本庭園など見どころが多く、参拝者は年間300万人に達する。

提供：（一社）佐賀県観光連盟

境内へと続く参道。境内周辺は、春の桜やツツジ、夏の新緑、秋の紅葉など四季折々の美しい景観が楽しめる。

神 倉稲魂大神、大宮売大神、猿田彦大神
佐賀県鹿島市古枝
0954-62-2151
JR肥前鹿島駅よりバス約10分「祐徳神社前」下車すぐ

諏訪神社《すわじんじゃ》

ユニークな狛犬で知られる長崎の総氏神

寛永2年（1625）、戦国時代にイエズス会の教会領だった地に、かつて祀られていた諏訪、森崎、住吉の三社を初代宮司・青木《あおき》賢清《かたきよ》が造営し、長崎の産《うぶ》土神《すながみ》としたのが起源。慶安元年（1648）に、幕府の許可を得て現社地に遷座した。願いが叶うとされる14種類の狛犬で知られ、そのうちの1つである「高麗犬《こまいぬ》の井戸（銭洗いの狛犬）」でお金を洗うと倍になるといわれている。

提供：（一社）長崎県観光連盟

大門。諏訪神社は、厄除け、縁結び、海上守護などの御神徳で知られる。同社の大祭「長崎くんち」（国指定重要無形民俗文化財）は日本三大祭の1つとされる。

提供：（公社）福岡県観光連盟

お金を洗うと倍になるという高麗犬の井戸。この水を飲むと安産にも霊験があるともいう。

神 諏訪大神（建御名方神、八坂刀売神）、森崎大神（伊邪那岐神、伊邪那美神）、住吉大神（俵筒之男神、中筒之男神、底筒之男神）

長崎県長崎市上西山町18-15

095-824-0445

長崎駅から路面電車約6分「諏訪神社」下車、徒歩約5分

神龍八大龍王神社《しんりゅうはちだいりゅうおうじんじゃ》

広大無辺の御神徳で知られる龍神の社

天正3年（1575）の旧暦5月6日に、八大龍王が世界の平和を祈念してこの地に天下ったのが起源と伝わる。かつて竜門ダムの堤体の下にあった2つの淵に男龍と女龍が棲んでいたとも伝わり、同社はその淵の上に鎮座するという。菊池市街のきくち観光物産館で「福蛇《ふくへび》の袴《はかま》」を購入し、参拝時にお供えしたあと御守として身につけると、幸運が訪れるといわれている。

提供：（一社）菊地観光協会

境内と社殿。金運、学業成就、合格祈願、恋愛、縁結び、開運招福などの御神徳で知られる。

提供：（一社）菊地観光協会

神域への入口の鳥居をくぐると、その先には社殿へと続く竹林の参道が伸びる。

神 八大龍王

熊本県菊池市龍門長野

0968-25-5477（きくち観光物産館）

JR熊本駅より車で約65分

神様に愛される！神社参拝の作法

京都市北区に鎮座する上賀茂《かみがも》神社（賀茂別雷《かもわけいかづち》神社）の一ノ鳥居。境内に入る前は、入口の鳥居の前で一礼するのが望ましい参拝の作法。

神様に対して失礼がないように心がける

日常の仕事や社交においてマナーや作法が大切なのと同様に、神社にお参りする際も、神様に失礼のないように心がける必要があります。ましてや、神様に「お願いごと」を聞いていただく場合はなおさらです。

まず注意を払いたいのが服装です。通常の参拝であればカジュアルな格好でも問題ありませんが、その場合も派手な色や柄のものや、極端なデザインの服などは避けましょう。露出の多い服の着用や、帽子をかぶったままでの参拝もNGです。また、昇殿して正式参拝する場合には、洋装であれば男性はスーツにネクタイ、女性も同等の服装を心がけましょう。

神様にお参りする前に手水で心身を清める

神社に来て、まず目に入るのが鳥居です。鳥居の内側は神様が鎮まる神域とされるので、鳥居をくぐる前に一礼して敬意を表します。

狛犬は邪気を祓《はら》い、神前を守護するものとされる。口を開けた「阿形《あぎょう》」と口を閉じた「吽形《うんぎょう》」の一対であることが多く、口を開けた方を獅子、口を閉じたほうを狛犬という。神社によっては狐や牛、猫、鼠、兎、猪、虎、狼（山犬）、鳥、蛇などの神使像もある。

神社にあるもの

❶ 鳥居《とりい》　神社の内と外を分ける境に建てられる、神域を象徴する建造物。

❷ 参道《さんどう》　鳥居から社殿へと向かうまでの道。歩くときは中央を避ける。

❸ 燈籠《とうろう》　境内を照らす照明器具だが、境内を厳かに飾る意味もある。

❹ 手水舎《てみずや》　参拝前に手と口を清め、禊を行うための場所。

❺ 神楽殿《かぐらでん》　神様に奉納する神楽や能楽、舞楽などを奏する建物。

❻ 摂社《せっしゃ》・末社《まっしゃ》　本殿の御祭神や神社にゆかりある神様を祀る小さな社殿や祠。

❼ 神使像《しんしぞう》　神前守護の聖獣。鳥居のそばや拝殿の手前などに置かれる。

❽ 拝殿《はいでん》　本殿の御祭神を拝するための建物。通常は本殿の前に建つ。

❾ 本殿《ほんでん》　御祭神が鎮まる御神体を奉安する、神社でもっとも神聖な施設。

❿ 授与所《じゅよしょ》　神社の内と外を分ける境に建てられる、神域を象徴する建造物。

参道を進むときは、真ん中を避けて右側か左側を歩きます。参道の中央は「正中《せいちゅう》」といって神様の通り道とされているからです。一般的には、拝殿に向かう際は参道脇の手水舎がある側、参拝後はその逆の側を歩くのが作法とされています。

手水舎に着いたら、両手と口をすすぎます（手水の作法は次ページを参照）。神様は穢《けが》れをもっとも嫌うため、実際に清めるのは手と口だけだとしても、気持ちとしては心身を清めるつもりで手水を使いましょう。

ちなみに、心身を清めることは禊《みそぎ》といって、古くは川などで全身を水で清めてからお参りするのが作法でした。しかし、現在はそれが難しいため簡略化し、手と口を洗うことで禊としています。伊勢神宮など歴史ある神社では、今も天然の清流を御手洗場としているところもあります。

何よりも大切なのは神様に感謝を伝えること

拝殿に着いたら、賽銭箱《さいせんばこ》の前で一揖《いちゆう》（会釈）して賽銭を入れます。賽銭は穢れを祓い清める意味があるとされ、その効果を高めようと音を立てて投げ入れる人もいますが、全国の神社を統括する神社本庁では丁寧に入れることをすすめています。

賽銭を入れたら、賽銭箱の上につるされた鈴を鳴らします。鈴を鳴らすことには厄除けや魔除けといったお祓いの意味があるほか、神霊の発動を願い、その霊力を呼び起こすという意味もあります。

次に、二礼二拍手します。礼は神様を敬い感謝する意味があり、拍手は鈴と同様に邪気を祓い、神様に訪問を知らせる意味があります。なお、現在、一般的な作法である「二礼二拍手一礼」は明治時代に浸透したもの

手水の作法

1

手水舎の前で一揖（会釈）してから、水盤の前に進む。

2

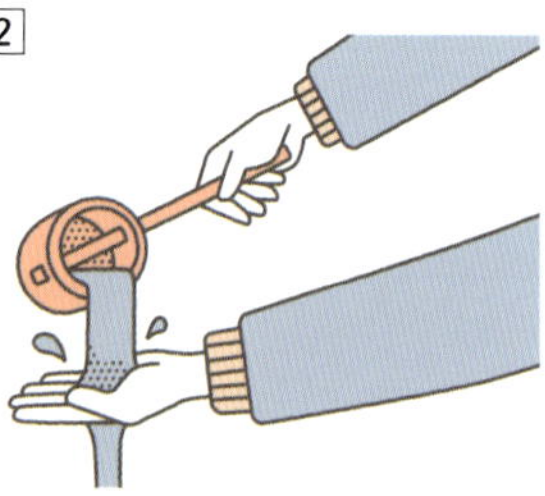

柄杓《ひしゃく》を右手で持ち、水をくみ上げて左手を洗う。

3

柄杓を左手に持ち替えて、右手を洗う。

4

柄杓を右手に持ち替え、左手に水を受けて口をすすぐ。

5

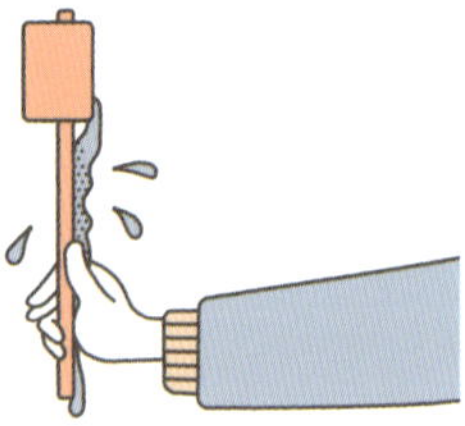

口をすすいだ左手を洗ったのち、残り水で柄を洗う。

6

柄杓をもとに戻し、手を拭いて手水舎に一揖する。

神様には自己紹介をしたほうがいい？

よく、神社を参拝するときには、神様に自分の氏名や住所を伝えたほうがいいといわれます。しかし、たびたび参拝している地元の氏神様などにお参りする場合は、こうした自己紹介は不要です。

たとえば、仕事において馴染みの取引先の人と毎回のように名刺交換をする人はいないはず。それと同じで、住所や氏名をお伝えすることは、はじめてお参りする神様や、久しぶりにお参りする神様に「名刺」をお渡しするようなもの、と考えるといいでしょう。

参拝の際には、まずは神様に感謝を伝えて、自己紹介をするのがマナー。

で、出雲大社や宇佐神宮などでは、古儀の「二礼四拍手一礼」を作法としています。

　神様にお祈りする際は、いきなり願いごとを唱えるのはマナー違反です。まずは神様への感謝の言葉を伝えましょう。

　むしろ、神様のもとへは「お願いをしに行く」のではなく、「感謝を伝えに行く」つもりでお参りしましょう。神様は、参拝のときだけでなく、普段から神様や周囲の人、環境などに感謝している人に味方してくれます。

　また、祈る際には自分の氏名や住所を心の中で伝えることも忘れずに（本見開きの下段参照）。

　お祈りが終わったら、改めて一礼し、少し後ずさりして一揖します。また、境内を出る際も鳥居の前で一礼しましょう。

　なお、参拝前におみくじや御守を求めるのは神様に対して失礼にあたるので、必ず参拝を終えたあとに授かりましょう。

参拝の作法

1

拝殿前で一揖して賽銭箱の前に進む。

2

賽銭箱に静かに賽銭を入れ、両手で鈴を鳴らす。

3

姿勢を正したのち、腰を90度に折り二拝する。

4

胸の前で手を合わせ、右指先を少し下げて二拍手する。

5

お祈りがすんだら、先の二拝と同じ要領で一拝する。

6

1、2歩ほど後ずさりし、一揖して拝殿前から退く。

正式参拝したほうがご利益がある？

　拝殿前で立ったままお参りすることを略式参拝、拝殿の中で神職同席のもとお参りすることを正式参拝（昇殿参拝、特別参拝）といいます。正式参拝は、神職が常駐している神社であれば、基本的にはどこでも執り行ってくれますが、なるべく事前に連絡し、神社の都合を確認しておくとよいでしょう。

　正式参拝することでご利益が増すわけではありませんが、神様が鎮まる本殿の近くでお参りできるので、より神様への崇敬や親しみがわき、お参りの充実度も高まるでしょう。

正式参拝では神前に玉串《たまぐし》を捧げる。奉納する初穂料は、個人は3千円～（もしくは5千円～）、企業などは2万円～が一般的。

巳年はご利益がパワーアップ！

蛇が金運をもたらす理由

蛇窪《へびくぼ》神社の「撫で白蛇」。願いごとを唱えながら撫でると叶えてくれるという。

令和7年（2025）は巳年です。「蛇」は古くから神のお使いとされ、信仰の対象とされてきました。また、豊穣の神として崇められてきた蛇は、金運や財運、再生や復活などをもたらすとされ、巳年に蛇を祀る神社に参拝すると特別なご利益がいただけるといわれています。

幸運と金運をもたらす弁財天のお使い

蛇が金運や財運をもたらすとされる理由の1つは、財福や商売繁盛の御神徳で知られる弁財天のお使いとされるためです。インドでは、白蛇が弁財天の化身とされ、金運をもたらすと信じられてきました。

また、蛇は脱皮を繰り返しながら成長していくことから再生や復活の象徴とされ、さらにはしばらく餌を食べなくても長く生きられる強い生命力を持つことから、古くから日本のみならず世界中で神の使いとして崇められてきました。風水でも蛇は富と繁栄などの象徴とされ、蛇（巳）を持つと「実（巳）入りする」との掛け言葉から、蛇皮の財布を持ったり、蛇の抜け殻を財布に入れたりすると金運が上がるといわれています。

そこで、ここからは蛇を祀る神社や、蛇にまつわる伝承を持つ神社を紹介。巳年には神威が増すともいわれる蛇の神様のご利益を授かりましょう。

『大日本歴史錦繪』（国立国会図書館蔵）より「安藝宮島弁財天 真体をあらわし清盛が威勢をくぢく」。平清盛は嚴島神社を平家の氏神として社殿を造営し、海運で莫大な富を得た。

提供：虻田神社

蛇にまつわる神社

虻田神社《あぶたじんじゃ》

山々を結ぶ「龍脈」の上に鎮まる北国の社

文化元年（1804）に伏見稲荷大社から分霊を受けて創建。大正期の長輪《おさわ》線（現在のJR室蘭《むろらん》本線）の開通にともない現社地に遷座した。同社は利尻《りしり》富士から羊蹄山《ようていざん》、北海道駒《こま》ヶ岳《たけ》を一直線に結ぶ「龍脈」と呼ばれるライン上にあり、また、羊蹄山から洞爺湖《とうやこ》、有珠山《うすざん》を通って噴火湾対岸の駒ヶ岳に流れる龍脈上に位置する。噴火でできた洞爺湖は「龍穴」とも呼ばれる。

社殿。境内裏手の青葉山にはかつて実際に白蛇が生息していたと伝わる。

冬には同社の鳥居の足元に白蛇のような雪跡が現れることがあり「雪蛇鳥居」と称される。

神 稲荷大神、保食主神
北海道虻田郡洞爺湖町青葉町54
0142-76-2088
JR洞爺湖駅より徒歩約10分

金蛇水神社《かなへびすいじんじゃ》

刀鍛冶が鍛えた金蛇を祀る清流の社

創建年代は不明だが、往古に山より平野へ水の流れ出る場所に水神を祀ったのが起源とされる。一条《いちじょう》天皇の御代（986〜1011）、天皇の刀をつくることを命じられた京都の刀鍛冶・小鍛冶《こかじ》宗近《むねちか》が同地で刀づくりをはじめたが、カエルがうるさく鳴くため雌雄一対の金蛇をつくり水中に投げたところ、鳴き声はピタリと止んだという。この金蛇が当社の御神体である。

社殿。主祭神は水の神・金蛇大神（水速女命《みずはのめのみこと》）。相殿神として大己貴命と少彦名命を祀る。

同じく水の女神である弁財天を祀る境内社・金蛇弁財天。

神 金蛇大神（水速女命）
宮城県岩沼市三色吉字水神7
0223-22-2672
JR岩沼駅よりバス約10分「金蛇水神社」下車すぐ

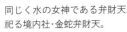

蛇にまつわる神社

磯山辨財天《いそやまべんざいてん》

清泉のほとりに鎮まる水の神

出流川《いずるがわ》の源泉で、環境省の「名水百選」に選定されている出流原弁天地湧水のほとりに鎮座。天暦２年（９４８）に藤原《ふじわらの》秀《ひで》郷《さと》が創建したと伝わる。京都の清水寺を思わせる崖からせり出した懸造の本殿は鎌倉時代の再建で、釘を使わない昔ながらの工法で建てられている。境内には数多くの白蛇像や、小銭を洗うと財に恵まれるという「銭洗い弁天」の湧水などがある。

提供：（公社）栃木県観光物産協会

楼門。この地には蛇にまつわる神話が多く残されている。2025年4月20日には、12年に1度のご開帳がある。

境内に置かれた「阿吽の大蛇」。ただし、口を開けた「阿形」の大蛇はいない。

神 出流原弁財天
栃木県佐野市出流原町1264
0283-25-0228（佐野市磯山弁財天観光協会）
東武田沼駅よりタクシー約10分、またはJR佐野駅・東武足利市駅よりタクシー約20分

白蛇辨財天《はくじゃべんざいてん》

吉凶を予言した杜に棲む白蛇の伝承

大永２年（１５２２）、宮島の嚴島神社より分霊を勧請したのが起源と伝わる。かつて社地のあたりはうっそうとした樹木に覆われており、吉凶異変があると、その杜の中に棲む２匹の白蛇が姿を現したという。

境内には本殿の地下深くより湧く霊水「金運銭洗いの滝」があり、お金をこの御神水で洗い清めると金運上昇、商売繁盛のご利益があるという。

社殿。古来、同社を信仰するものは白蛇の予知と弁財天の霊護によって禍を免れ、病を癒やし、富を築いたという。近年は登校拒否解消祈願に訪れる人も多い。

金運銭洗いの滝。金運上昇や商売繁盛だけでなく、病気の人は毎朝この水を飲むことで快方に向かうという。

神 市杵島姫命
栃木県真岡市久下田西2-63
0285-74-0215
真岡鐵道久下田駅より徒歩約7分、またはJR小金井駅よりタクシー約20分

蛇窪神社《へびくぼじんじゃ》

「蛇窪」の地に伝わる白蛇信仰

古くは蛇窪と呼ばれた地に、鎌倉時代末期に創建されたと伝わる。かつて同地が大干ばつに見舞われた際、古池のほとりにあった龍神社に祈願したところ大雨が降り、これに感謝して神社を勧請したのが起源だという。境内には、この地に棲んでいた白蛇が地元の人の夢に現れたことから祀られた白蛇弁天社や、龍神社を元宮として創建した蛇窪龍神社なども祀られている。

境内社の白蛇辨財天社。境内には「白蛇種銭の銭回し」「白蛇清水銭洗い」などの金運上昇スポットが多数。

※混雑時は白蛇種銭のみの頒布です。

天照大神を祀る本社社殿。同社は山口県岩国市の岩國白蛇神社、群馬県沼田市の老神《おいがみ》温泉とともに「日本白蛇三大聖地」の1つとされる。

神 天照大御神、天児屋根命、応神天皇、蛇窪大明神
東京都品川区二葉4-4-12
03-3782-1711
都営地下鉄・東急中延駅より徒歩約5分、または東急戸越公園駅より徒歩約12分

來宮神社《きのみやじんじゃ》

神々が宿る岩と樹齢2100年超の御神木

和銅３年（７１０）の創建と伝わる古社で、奈良・平安期には征夷大将軍・坂上田村麻呂が神前で戦の勝利を祈願し、各地に分霊を祀ったという。本殿右奥に鎮まる來宮弁財天社は金運・出世のパワースポットとして知られ、社殿前の弁天岩は古来、神々が宿ると伝えられてきた。境内にある樹齢２１００年を超えるご神木「大楠」は国の天然記念物に指定されている。

弁天岩と來宮弁財天。岩の上には蛇の石像がある。岩の前には2024年末に回廊が建設され、今はこの角度で見ることはできない。

樹齢2100年以上の御神木「大楠」は幹周り23.9m、樹高25mを誇る本州一の巨樹。

提供：來宮神社

神 日本武尊、五十猛命、大己貴命
静岡県熱海市西山町43-1
0557-82-2241
JR来宮駅より徒歩約5分、またはJR熱海駅よりタクシー約6分

大頭龍神社《だいとうりゅうじんじゃ》

蛇神としても信仰される大物主大神を祀る

延暦11年（792）に大神《おおみわ》神社の御祭神を勧請したと伝わる。堅城として知られた高天神《たかてんじん》城《じょう》のふもとの高台に鎮座し、古くから疫病鎮護、水難除けなど幅広い御神徳で信仰されてきた。主祭神は蛇神としても信仰される大物主大神で、拝殿右側には撫でると願いが叶うという「巳石《みいし》」が置かれている。遠州最大の青銅大鳥居や樹齢300年以上のスダジイも有名。

青銅の大鳥居（市指定文化財）と社殿。鳥居は文政7年（1824）の建立。

隣町の島田市に鎮座する大井神社（写真）にも白蛇伝説があり、現在も本殿には蛇が棲んでいるという。

神 大物主大神、大山咋大神、出雲龍神
静岡県菊川市加茂947
0537-35-3577
JR菊川駅よりタクシー約5分、または新幹線掛川駅よりタクシー約10分

大神神社《おおみわじんじゃ》

御神木に白蛇が棲む日本最古の神社

創祀にまつわる伝承が『古事記』『日本書紀』にも記されている由緒ある名社で、日本最古の神社とされる。本殿はなく、三ツ鳥居を通して御神体である三輪山《みわやま》を拝する、原始的な信仰形態を残すことでも知られる。御祭神は大国主大神の和魂《にぎみたま》（※）ともされる大物主大神《おおものぬしのおおかみ》で、境内には御祭神の化身である白蛇が棲むという御神木「巳の神杉」がある。

提供：大神神社

巳の神杉。大物主大神の化身の白蛇が棲むとされ、蛇の好物である卵が参拝者によってお供えされている。

標高467mの三輪山。古来、大物主大神が鎮まる神の山として信仰されてきた。

神 大物主大神、大己貴神、少彦名神
奈良県桜井市三輪1422
0744-42-6633
JR三輪駅より徒歩約5分

※和魂…神様の霊魂が持つ穏和で調和的な力を指す。活発で能動的な力を指す「荒魂」と対をなす。

岩國白蛇神社《いわくにしろへびじんじゃ》

300年以上信仰されてきた岩国のシロヘビ

岩国市の一部地域のみに生息する白蛇の保護と信仰にもとづいて、平成24年（２０１２）に、白蛇観覧施設に隣接した場所に嚴島神社の御祭神を勧請して創建された。金運、商売繁盛、健康長寿のご利益を求めて全国から多くの参拝者が訪れる。同社の向かいには、大宰府へ左遷された菅原道真公がこの地で休息したという伝承にもとづき創建された今津《いまづ》天満宮が鎮座する。

社殿。神社自体は平成24年(2012)の創建と新しいが、岩国市には古くから白蛇信仰が根づいていた。

手水舎。ほかにも社殿の彫刻や社紋、燈籠、燭台など、境内のいたるところに蛇のモチーフが用いられている。

神 田心姫神、湍津姫神、市杵島姫神、宇迦之御魂神（宇賀弁財天）
山口県岩国市今津町6-4-2
0827-30-3333
JR岩国駅よりバス約6分「今津」あるいは「天神町」下車、徒歩約2分

阿蘇白水龍神権現《あそはくすいりゅうじんごんげん》（白蛇神社《しろへびじんじゃ》）

白蛇の出現に霊感を受けて創建された神社

平成12年（２０００）およびその翌年に白蛇が現れたことから霊感を受けた宮司が創建。平成22年（２０１０）に本殿が造営され、蛇が出現した岩も発祥の地として祀られている。

境内には、生きている白蛇を直接拝観できる参詣所のほか、七福神像や地下マグマの「阿蘇五岳岩」、巨石「白水龍神岩」などの霊験あらたかなスポットが点在する。

本殿。境内から出現した白蛇様と金蛇様を御神体とし、白蛇様にご縁が深い弁財天、宇賀神、八大龍王を併せ祀る。

参詣所では、白蛇様と金蛇様に直接お財布に乗っていただき金運開運を祈願することができる。

神 弁財天、宇賀神、八大龍王
熊本県阿蘇郡南阿蘇村中松3290-1
0967-62-8060
JR中松駅より徒歩約30分

STAFF

編集	小芝俊亮（小道舎）
	池田友樹（西瓜社）P2～7
装丁・本文デザイン	森田千秋（Q.design）
DTP	G.B. Design House
イラスト	深澤枝里子

【カバー写真（表紙側）】
金比羅神社（12ページ参照）／提供：（公社）北海道観光振興機構
【カバー写真（裏表紙側）】
右上：石鎚神社（72ページ参照）
右下：永尾剱神社（88ページ参照）／提供：（公社）熊本県観光連盟
左上：浮島熊野坐神社（87ページ参照／提供：（公社）熊本県観光連盟
左下：神磯（24ページ参照）
【表紙写真】
車山神社（22ページ参照）
【裏表紙写真】
大神山神社（63ページ参照）／提供：鳥取県
【本扉写真】
大斎原（56ページ参照）／提供：（公社）和歌山県観光連盟

伊古奈比咩命神社（34ページ参照）

神社ソムリエ・佐々木優太撮影 絶景カード特典付き！

見るだけで神様とつながる奇跡の絶景神社

2025年3月12日　第1刷発行

著者　スピリチュアル研究会
発行人　関川 誠

発行所　株式会社宝島社
〒102-8388
東京都千代田区一番町25番地
電話（編集）03-3239-0928　（営業）03-3234-4621
https://tkj.jp

印刷・製本　株式会社シナノ

ISBN978-4-299-06566-7